세상에서
가장 쉬운
AI 앱 수업

일러두기 ——

* 본문에서는 앱과 애플리케이션을, AI와 인공지능을 혼용하였습니다.
* 본문에 소개되는 앱 〈험온〉은 구글스토어 다운로드 서비스가 중단되어 APK 파일을 다운받을
  수 있는 웹 사이트 주소를 넣었습니다.

초등교사, 학부모, 교육 전문가가 꼭 알아야 할
초등 교과 연계 인공지능 앱 활용법 20

세상에서

가장 쉬운

AI 앱 수업

THE VISUAL AI CLASS ROOM

공민수·신창훈 지음

Little A

누구나 인공지능을
알아야 하는 시대!

인공지능, 즉 AI는 SF소설에서 단골 소재로 쓰이던 개념입니다. 하지만 지금은 일상생활 속 현실이 되었죠. 우리가 매일 사용하는 스마트폰 속 애플리케이션과 웹 사이트 서비스에는 여러 가지 AI 기술이 적용되어 있습니다. 주변에서 흔히 볼 수 있는 자동차에도 주변의 사람이나 사물을 인식하는 AI가 탑재되어 있죠. 또 무인 편의점에서는 딥러닝 카메라를 통해 물건을 골라서 나오기만 해도 자동으로 결제가 됩니다. 이처럼 현실은 우리가 제대로 알기도 전에 급격히 변화하고 있습니다.

미디어를 통해 자주 접하듯 이제는 인공지능의 시대입니다. 그리고 이 시대를 살아가기 위해서는 AI에 대해 제대로 이해하고 배워야 하죠.

특히 한창 자라는 아이들은 빠른 변화 속에 어떤 기술이 숨어 있는지, 그것을 어떻게 활용해야 하는지 알아야 합니다. 하지만 쉽지 않습니다. 이를 쉽게 설명해 주거나 알려 줄 사람이 그다지 많지 않기 때문입니다.

'용어도 낯설고 개념도 어려운 AI를 학생들에게 어떻게 하면 쉽게 알려줄 수 있을까? AI 전문가들의 지식과 아이들 사이의 거대한 틈을 어떻게 하면 메울 수 있을까?'

하지만 교사들에게도 AI는 생소하고 어렵습니다. 그럼에도 교사들은 AI 개념에 대한 이해를 넘어 수업에 적용하여 아이들에게 체험시키고, 그 체험 속에 들어 있는 AI 원리도 이해시켜야 하는 숙제를 가지고 있죠. 이 지점에서 우리의 고민은 시작되었습니다.

'아이들에게 AI를 어떻게 가르치는 게 가장 쉽고 효과적일까?'

그러기 위해 교사들이 AI 이론이나 코딩부터 하나하나 공부해야 할까요? 그러나 배워야 할 기초 학습 이론과 처리해야 할 행정업무 들이 산재해 있는 학교 현장에서 새롭게 AI 관련 수업을 준비하기란 여간 어려운 일이 아니었습니다. 어디서부터 어떻게 시작해야 할지 고민이 깊어졌습니다. 가끔은 막막하기도 했습니다. 그러나 어찌되었든, 우리는 AI 수업이 꼭 필요하다는 사실을 깨달았고, 무엇보다도 아이들이 즐겁게 AI 수업을 듣기 바랐습니다. 그 아이들을 가르칠 교사들에게도 AI수업 준비가 수월하기를 원했고, 아이들과 함께할 부모님 또한 AI가 부담 없고 재미있는 활동이 되어야 한다고 생각했습니다.

따라서 이 책은 바로 현장에서 활용할 수 있도록 아주 단순하고 실용적으로 구성했습니다. 1부에서는 AI에 대한 가장 기본적인 개념과 이론을 다루었습니다. 또 이를 아이들에게 쉽게 설명할 수 있도록 여러 예시들을 들어 쉽게 이야기로 풀어냈습니다. 낯선 용어들이 눈에 보일 테지만 인공지능이 무엇인지 전혀 알지 못한 상황에서는 실제 수업에서 원활하게 활용할 수 없기에 가능한 한눈에 흐름이 보이고 머릿속에 그림이 그려질 수 있도록 정리했습니다.

2부에서는 우리에게 가장 익숙한 기계인 스마트폰 속 AI 기술이 적용된 20여 가지의 애플리케이션들을 활용했습니다. 교과별로 활용하기 좋은 애플리케이션들을 분류한 뒤 각각의 특징, 적용된 AI 기술, 적용 가능한 성과 기준으로 정리했습니다. 그리고 애플리케이션의 사용법과 실제 수업 사례를 들고, 그 수업에 필요한 활동 준비서까지 넣어두었습니다. 이를 통해 별도의 준비 시간을 가지지 않아도 바로 수업 및 활동에 사용할 수 있을 것입니다.

AI 수업을 준비하는 교사들은 학교에서, 4차 산업 혁명을 삶에서 마주하고 준비해야 할 자녀를 둔 부모님들은 가정에서, 이 책과 함께 아이들과 즐겁게 AI 활동을 해 보시기를 추천합니다. 레고 블록을 쌓듯이 책을 읽고 애플리케이션을 하나씩 체험하다 보면 자연스럽게 AI에 대한 개념이 형성될 것입니다, 이를 위한 준비물은 단 하나, 스마트폰이면 됩니다.

부디 이 책을 통해 AI를 보다 쉽게 체험하면서 자연스럽게 AI를 알아가기 바랍니다. 우리 아이들에게, 교사들에게, 부모님들에게도 처음 배우는 AI가 쉽고, 부담 없고, 재미있었으면 좋겠습니다.

그럼 지금 바로 시작해볼까요?

목차

들어가며   누구나 인공지능을 알아야 하는 시대!   004

1부   AI, 쉽게 이해하기

 AI란 무엇일까요?

- AI의 개념   015
- AI의 역사   015
- AI가 중요한 이유   018
- AI의 분류   019
- AI와 로봇   021
- AI의 장점과 단점   022

2장   머신러닝이란 무엇일까요?

- 머신러닝 - 모글리가 소녀와 만났어요 I   025
- 지도 학습 - 모글리가 학교에 갔어요!   026
- 비지도 학습 - 모글리가 소녀와 만났어요 II   028
- 강화 학습 - 모글리는 축구선수가 되고 싶어요!   029

3장   인공 신경망과 합성곱 신경망이란 무엇일까요?

- 인공신경의 개념   033
- 인공 신경망이 초등학생이라면?   034
- 인공 신경망의 종류   036
- 합성곱 신경망의 개념   041
- AI가 직사각형을 구별하는 방법   044
- 실생활에 활용되는 합성곱 신경망   048

2부 10분 만에 끝내는 AI 앱 수업

1장 창의적 체험 학습과 함께하는 AI 애플리케이션

- 리멤버　　　　　　　　　　　　　　　　　053
- 설리번+　　　　　　　　　　　　　　　　　061
- 퀵드로우　　　　　　　　　　　　　　　　　070

2장 국어·영어·수학 수업과 함께하는 AI 애플리케이션

- 끝말잇기 알파　　　　　　　　　　　　　　081
- 클로바노트　　　　　　　　　　　　　　　089
- 스노우　　　　　　　　　　　　　　　　　096
- 네이버 파파고　　　　　　　　　　　　　　105
- 엠에스 매쓰 솔버　　　　　　　　　　　　115

3장 음악 수업과 함께하는 AI 애플리케이션

- 크롬 뮤직랩 - 칸딘스키　　　　　　　　　125

• 험온　　　　　　　　　　　　　　　133

4장　미술 수업과 함께하는 AI 애플리케이션

• 오토드로우　　　　　　　　　　　141
• 프리즈마　　　　　　　　　　　　149
• 구글 아트 앤 컬처　　　　　　　159
• 잇셀프　　　　　　　　　　　　　172
• 인스탠들리　　　　　　　　　　　181
• 엔비디아 고갱　　　　　　　　　188

5장　체육 수업과 함께하는 AI 애플리케이션

• 라이크핏　　　　　　　　　　　　197
• 어디아파　　　　　　　　　　　　205

6장　실과 수업과 함께하는 AI 애플리케이션

• 상식플러스　　　　　　　　　　　217
• 펄핏　　　　　　　　　　　　　　225

THE **VISUAL AI** CLASS ROOM

1부

AI,
쉽게 이해하기

1장

AI란
무엇일까요?

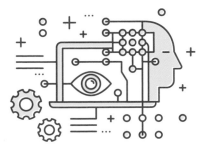

🔗 AI의 개념

인공지능(A.I. Artificial Intelligence, 人工知能)은 인간이 지닌 지적 능력의 일부 또는 전체, 혹은 그렇게 생각되는 능력을 인공적으로 구현한 것을 말합니다.

기술적인 부분에서 AI와 같이 나오는 용어로는 머신러닝, 인공 신경망, 딥러닝 등이 있습니다. 이 용어들을 의미의 크기로 살펴보면 아래 그림처럼 AI > 머신러닝 > 인공 신경망 > 딥러닝의 순입니다.

🔗 AI의 역사

앨런 튜링(Alan Turing)은 1950년에 발표한 논문 〈컴퓨팅 기계와 지능 (Computing Machinery And Intelligence)〉에서 AI라는 아이디어를 처음 내

놓았습니다. 그는 "기계는 생각할 수 있는가?"라는 질문을 던지며 기계가 AI를 가졌는지 구분하는 튜링 테스트(Turing Test)를 제시하였습니다.

그리고 1956년 다트머스 학회에서 존 매카시(John McCarthy) 박사가 AI를 "인간들만 풀 수 있던 문제를 풀고 스스로 발전해 나가는 존재"로 정의하고 처음으로 쓰기 시작했습니다. 이후 1959년 아서 사무엘(Arthur Samuel) 박사가 "명시적으로 프로그램을 하지 않고도 컴퓨터가 학습할 수 있는 능력을 갖는다"는 의미로 머신러닝이란 용어를 사용했습니다.

1960년대 들어 AI에 대한 장밋빛 열풍이 불었고, 여기저기서 완전한 지능을 갖춘 AI가 20년 안에 탄생할 것이라고 예측했습니다. 미국 정부역시 여러 곳에 투자하기 시작했고, 그 결과 1966년 SRI 인터내셔널에서 최초의 움직이는 물체이자 최초의 자율 주행차 형태의 로봇인 "샤키(Shakey The Robot)"를 발표하게 되었죠.

하지만 1960년 말 마빈 민스키(Marvin Lee Minsky)와 시모어 페퍼트(Seymour Papert)는 『퍼셉트론(PERCEPTRONS)』을 출간하면서 단일계층 신경망의 한계를 지적했습니다. 또한 1973년 영국 SRC(Science Research Council)가 〈라이트힐 보고서(LIGHTHILL Report)〉를 통해 AI는 전망이 과

장된 데다 실생활에 영향을 끼치지 못할 거라고 결론을 내리자 열풍은 막을 내리게 되었습니다. 이 기간을 학계에서는 1차 AI의 암흑기(AI WINTER)라 부르며 이는 1980년대까지 지속되었습니다.

긴 겨울이 지나고 1980년대가 되자 한줄기 따사로운 바람이 불기 시작했습니다. 학계가 아닌 기업들이 제품을 만들기 위해 "전문가 시스템"을 도입했습니다. 이와 함께 인공 신경망 연구의 한계를 극복하는 데 도움이 되는 새로운 단서들에 대한 연구가 시작되었습니다.

그 중 하나로 1980년 후쿠시마 쿠니히코(Kunihiko Fukushima) 교수의 다층 인공 신경망의 개념이 등장하는데요. 뒤이어 1986년 제프리 힌턴(Geoffrey Everest Hinton) 교수가 역전파(Backpropagation) 알고리즘으로 다층 인공 신경망을 학습시키는 데 성공했습니다. 이때부터 『퍼셉트론』이후 연구되지 않고 있던 인공 신경망 연구가 다시 활발하게 시작되었죠!

하지만 당시 기술로는 해결할 수 없었던 학습시간의 문제와 알고리즘 모형의 과적합 문제들로 인해 실용화까지 이루지 못한 채 다시 1990년대 2차 AI 암흑기가 시작되었습니다. 시간이 흘러 2000년대 중반 이후 AI는 데이터 전처리 과정의 개발과 GPU의 활용, 그리고 빅데이터의 탄생과 함께 다시 급속도로 발전하게 되었습니다.

AI가 중요한 이유

최근 들어 AI가 주목받게 된 이유는 다음과 같습니다.

첫째, 페이스북, 인스타그램, 유튜브와 같은 플랫폼들의 발전으로 엄청난 양의 데이터가 쌓이고, 그 데이터를 분석해서 또 다른 유용한 정보가 생길 정도로 충분한 데이터가 만들어지면서 '빅데이터 시대'가 시작되었습니다.

둘째, 데이터를 학습하기 위한 고성능의 하드웨어, 즉 컴퓨터의 처리 속도가 엄청나게 발달하였습니다. 예전에는 컴퓨터 수백 대가 처리했어야 할 일들이 오늘날에는 스마트폰 한 대로 가능해졌습니다.

셋째, 데이터를 저장하는 클라우드 장치도 엄청나게 발전했습니다. 이제는 플로피디스크나 USB에 정보를 저장하지 않고 웹 상의 클라우드에 정보를 저장하고, 용량도 무한대로 가능합니다.

넷째, 딥러닝을 가능하게 만든 알고리즘 기술이 발전했습니다.

AI는 1879년 에디슨의 전구 발명 만큼이나 전세계 산업 분야 전반에 영향을 끼치기 때문에 반드시 주목해야 합니다. 유튜브와 넷플릭스의 AI 알고리즘에 의한 영상 추천, 페이스북과 인스타그램의 피드, 학생이 자주 틀리는 문제의 유형을 골라 집중적으로 다시 학습하도록 해주는 AI 학습 프로그램, 거대한 과수원의 온도와 습도를 계산해서 매일 주는 물의 양을 조절하고 생산량을 최대로 늘리는 프로그램, 소셜 데이터와 지역별 소비를 분석한 제품 생산 최적화 프로그램, 스포츠 팀에 필요한 선수를 찾고 적절한 연봉을 제시하기 위한 데이터 분석 프로그램 등 AI는 이미 우리 사회의 전 분야에서 활약하고 있습니다. 궁극적으로 인간의 삶을 풍요롭고 원활하게 만드는 것이 바로 인공지능의 개발 목적입니다.

한편 현재 **AI에 대한 찬반 의견**은 팽팽합니다. 세계적인 물리학자 스티븐 호킹 박사는 AI가 100년 안에 인간의 능력을 뛰어넘어 수많은 직업을 차지하게 될 것이라고 경고합니다. 반면 미래학자 레이 커즈와일은 AI는 인간의 한계를 넓혀 주는 것이고, 핵심은 기술이 아닌 사람에게 있다고 주장하죠. 어떤 입장이 옳은지에 대한 고민도 필요하지만, 선행되어야 할 것은 AI에 대한 올바른 이해입니다.

⟜⟝ AI의 분류

TV나 영화를 보면 간혹 인공지능에 의해 세계가 지배되는 장면이 나옵니다. 과연 인공지능은 세계를 지배할 수 있을까요?

먼저 우리는 이 궁금증에 대한 판단에 앞서 **강인공지능**(Strong AI)과

약인공지능(Weak AI)을 구분할 필요가 있습니다.

강인공지능과 약인공지능을 이해하기 쉽게 비교하자면, 강인공지능은 인간을 완벽하게 모방하기 위한 인공지능, 약인공지능은 우리가 살아가는 데 유용한 도구로 만들어진 인공지능이라고 할 수 있습니다. 조금 더 알아볼까요?

강인공지능은 일반적으로 모든 상황에 대해 스스로 행동과 학습이 가능하며, 그 수준이 최소한 인간의 지성 수준인 경우를 의미합니다. 하지만 현실적으로 강인공지능에 대한 개념이 세분화되고 있는 데다 인간의 의지와 마음, 그리고 뇌의 활동을 어떻게 표현해야 할지에 대한 문제로 인해 개발이 지연되고 있습니다.

반면에 약인공지능은 인간의 지능을 목표로 하기보다는 좀 더 실용적인 목표를 가지고 개발되는 경우입니다. 인간이 단시간에 하기 힘든 많은 문제를 보다 빠르게 해결해 주는 인공지능이죠. 알파고나 구글 어시스턴트, 삼성전자의 빅스비, IBM사의 딥 마인드, 애플의 시리 등은 약인공지능으로, 우리 주변의 삶을 좀 더 편하게 도와주는 역할을 합니다.

∿ AI와 로봇

어린 시절 자주 보던 만화 영화를 떠올려 봅시다.

자기 생각을 가지고 스스로 움직이는 로봇들이 등장하는 경우를 많이 보았을 것입니다. 그렇다면 AI와 로봇의 움직임 사이에는 어떤 밀접한 관계가 있을까요?

최근 주변에서 많이 보이기 시작한 로봇들은 AI에 의해 스스로 판단하기 보다는 고도화된 제어 공학과 각종 센서 그리고 알고리즘에 의해 움직입니다. 그래서 아직은 AI에 의한 "판단"으로 로봇의 움직임을 제어하기에는 무리가 있습니다.

우리가 주로 사용하는 AI는 정보와 데이터를 이용하여 새로운 정보를 창출하거나 운용하는 것이고, 로봇 역시 미리 구조화된 알고리즘을 통해 복잡한 기계를 움직이는 것입니다.

만약 만화 영화에서 봤던 로봇을 현실에서 재현하려면 잘 만들어진 알고리즘을 가진 고도화된 로봇, 상황 판단을 위한 AI 기술의 장점과 단점을 동시에 고려해야 합니다. 그리고 그에 걸맞은 법과 제도도 정비해야 합니다.

AI의 장점과 단점

AI의 발전은 우리의 생활을 많이 바꾸어 놓았고, 앞으로도 바꿀 것입니다. 하지만 장밋빛 미래만 있는 것은 아닙니다. AI가 주는 행복이 누군가에겐 불행이 되는 '양날의 검'일 수도 있습니다. 그렇다면 AI의 장점과 단점 그리고 한계점은 무엇일까요?

AI의 장점은 다음과 같습니다.

첫째, 반복적으로 처리, 판단해야 하는 일을 최소한의 개입으로 가능하게 만들 수 있습니다.

둘째, 기본적인 업무뿐만 아니라 의료나 회계 등 전문적인 영역도 대체할 수 있습니다.

셋째, 데이터 처리 및 알고리즘 생성을 통해 업무의 자동화가 가능해집니다.

넷째, 최소한의 개입과 업무 자동화 시스템으로 비용 절감 효과가 극대화됩니다.

그렇다면 어떤 단점을 가지고 있을까요?

첫째, AI가 계속 발전한다면 사라지게 될 직업들이 많습니다. 식당의 키오스크는 계산하는 인력을 줄일 것입니다. 그리고 광학 인식 기술이나 음성 기술을 이용한 즉각적인 통역이 가능해진다면 통·번역사 역시 크게 줄어들 것입니다.

둘째, AI 기술을 보유한 대기업들 위주로 경제가 흘러갈 수 있으며, 이로 인해 경제적 불평등이 가속화될 것입니다.

셋째, AI는 사람에 의해 개발되기 때문에 개발자의 주관이 들어갈 수밖에 없습니다. 그로 인해 정보에 불균형 및 차별이 개입될 수 있습니다.

넷째, AI의 발전을 위한 빅데이터 구축은 많은 정보를 필요로 하는데, 이 정보들은 개인의 사생활을 침해할 수 있습니다.

다섯째, AI가 저지르는 문제적 행위에 대한 윤리적, 법적 규범의 애매모호함으로 인해 책임의 소재를 찾기 힘들 것입니다.

뿐만 아니라 현 시점의 AI는 다음과 같은 한계점을 가지고 있습니다.

첫째, AI는 새롭게 바뀌는 상황만 입력해서 만드는 점진적 학습이 불가능합니다.

둘째, AI는 기존의 정보를 바탕으로 판단하기 때문에 정보에 없는 불확실한 상황에 대한 대처 능력이 현저하게 떨어집니다.

AI는 지금 꼭 배워야 할 지식이지만, 그것이 가진 단점과 한계점을 함께 참고하여 알아간다면 아이들에게도 균형 잡힌 지식을 전달할 수 있을 겁니다.

2장

머신러닝이란
무엇일까요?

머신러닝 - 모글리가 소녀와 만났어요 I

모글리는 아기 때부터 정글에서 동물들과 살았습니다. 그러던 어느
날, 정글에 놀러 왔다가 길을 잃은 소녀를 만났습니다. 모글리는 소녀
와 친해지고 싶었어요. 하지만 사람의 말을 할 줄 모르는 데다 표현도
힘들어서 망설였습니다. 그러다 방법을 생각해냈습니다.

모글리는 소녀에게 여러 가지 선물을 했습니다.

먼저 진흙을 주었습니다. 정글에서 진흙은 생존을 위한 필수품입니
다. 모기도 막아 주고, 위험한 동물들에게서 눈에 띄지 않게 해 주기 때
문입니다. 하지만 소녀는 더럽다며 싫어했습니다.

그 다음에 준 단풍잎은 다행히도 좋아했습니다. 단풍잎이 빨갛게 물

들어서 예뻐 보였기 때문입니다. 또 모글리는 배고플 때 구워 먹을 수 있게 쥐도 잡아 주었지만 소녀는 징그럽다며 싫어했습니다. 하지만 가시가 있어도 귀여운 고슴도치는 좋아했습니다.

이렇게 많은 선물을 주면서 모글리는 소녀의 반응을 살폈습니다. 그러다 보니 자연스럽게 소녀가 좋아하는 것과 싫어하는 것을 구분할 수 있게 되었고, 소녀의 취향도 알게 되었죠.

사실 이 이야기 속의 모글리는 바로 인공지능입니다. 인공지능 컴퓨터는 다양한 시도를 통해 경험 데이터를 쌓아가고, 그 과정에서 새로운 지식을 스스로 터득합니다. 이것이 바로 머신러닝(Machine Learning, 기계 학습)입니다.

⌁ 지도 학습 - 모글리가 학교에 갔어요!

소녀는 모글리를 한국으로 데려와 자신이 다니는 초등학교로 전학을 시켰습니다. 이제는 소녀도 모글리와 더 친해지고 싶었습니다. 그래서 자신이 좋아하는 것과 싫어하는 것을 직접 하나씩 알려 주었죠. 소녀는 햄버거 먹기, 유튜브 보기, 콘서트 가기를 좋아한다고 알려 주었습니다. 그리고 브로콜리 먹기, 수학 공부하기, 숙제하기를 싫어한다고 말했습니다.

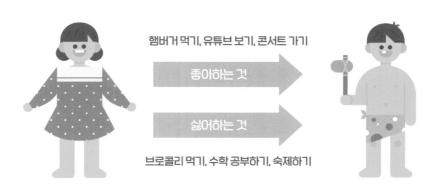

햄버거 먹기, 유튜브 보기, 콘서트 가기

종아하는 것

싫어하는 것

브로콜리 먹기, 수학 공부하기, 숙제하기

 여기서 소녀는 사람이고, 모글리는 인공지능 컴퓨터입니다. 위와 같이 컴퓨터에게 미리 정답을 알려주며 공부시키는 것을 지도 학습 (Supervised Learning)이라고 합니다.

 지도 학습은 미리 정답을 알려 주기 때문에 새로운 데이터가 나와도 어디에 속하는지 잘 구분할 수 있습니다. 예를 들어 햄버거를 가져오면 소녀가 좋아할지 싫어할지 잘 구분해서 소녀가 좋아하는 것으로 분류합니다.

하지만 지도 학습은 직접 하나하나 가르쳐야 할 데이터가 많아서 시간이 오래 걸린다는 단점이 있습니다.

☄️ 비지도 학습 - 모글리가 소녀와 만났어요 II

모글리와 소녀가 처음 만났던 정글로 돌아가 보겠습니다. 이때 소녀는 힘들지 않았습니다. 왜냐하면 모글리가 소녀의 마음에 드는 선물을 찾기 위해 혼자서 계속 이것저것 골랐기 때문입니다.

컴퓨터가 스스로 아주 많은 데이터를 공부하고 혼자서 답을 찾는 과정을 비지도 학습(Unsupervised Learning)이라고 합니다.

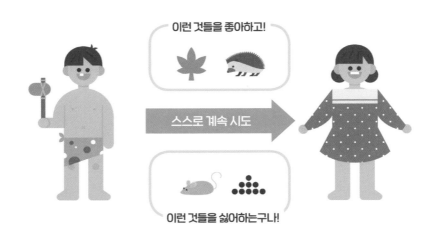

비지도 학습은 정해진 답도 없고, 사람이 직접 컴퓨터에게 가르쳐 주지도 않습니다. 그냥 스스로 공부하다가 데이터 별로 특징을 찾아내고 그 특징에 따라 그룹을 만듭니다. 이것을 군집화(클러스터링, Clustering)라고 하죠.

군집화한 데이터의 양이 많아질수록 군집화의 특징이 확실해지고, 그 특징이 분명해지면 다음에 새로운 종류의 데이터가 나와도 어느 그룹에 속한 데이터인지 확실하게 구별할 수 있게 됩니다. 즉 인공지능의 성능(정확도)이 좋아지게 됩니다.

강화 학습 - 모글리는 축구 선수가 되고 싶어요!

모글리는 초등학교를 다니면서 친구들과 신나게 축구를 하고 있었습니다. 어느 날 그 모습을 지켜보던 축구 감독님이 모글리에게 이렇게 말씀하셨습니다.

"모글리는 운동 신경이 좋아서 축구 선수가 되면 좋겠구나."

그래서 모글리는 그날부터 골을 잘 넣기 위해 공차기 연습을 시작하였습니다. 최종 목표는 공을 골대에 잘 넣는 것입니다.

모글리처럼 행동하는 주체를 에이전트(Agent)라고 하고, 목표를 달성하기 위해 하는 행동을 액션(Action)이라 합니다.

하지만 처음부터 공을 잘 넣을 수는 없습니다. 하나의 큰 목표를 이루기 위해서는 과정을 나누어 한 단계씩 밟고 올라갈 작은 목표가 여러 개 있어야 합니다.

처음 공을 찼는데 골대의 오른쪽으로 빗나갔다고 생각해 봅시다. 그러면 이 행동을 통해 얻게 된 답은 무엇일까요? 바로 '방금 찬 것보다 왼쪽으로 차야 한다.'입니다.

강화 학습에서 우리는 '공을 찬다.'처럼 지금 당장 풀어야 하는 문제를 환경(Environment)이라고 합니다. 우리가 아는 환경이라는 단어와 의미가 다릅니다.

그리고 '방금 찬 것보다 왼쪽으로 차야 한다.'고 모글리에게 알려 주는 것을 상태 변화(State)라고 합니다. 행동에 의해 환경이 바뀌고, 그로 인해 상태 변화가 일어나면 모글리는 상태 변화에 맞는 행동을 해야 합니다.

이렇게 행동과 상태 변화의 과정이 여러 번 반복되다 보면 그림처럼 상태 변화가 달성해야 할 최종 목표에 점점 가까워집니다. 그리고 작은 목표를 달성할 때마다 모글리는 칭찬과 간식 등의 보상을 받게 됩니다. 보상을 받은 모글리는 더 열심히 경험 데이터를 쌓아갑니다.

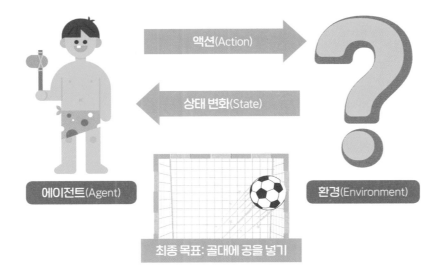

에이전트(Agent) · 액션(Action) · 상태 변화(State) · 환경(Environment) · 최종 목표: 골대에 공을 넣기

감독님은 처음부터 모글리에게 공을 잘 차는 방법이라는 정답을 알려 주지 않았습니다. 모글리가 혼자 공을 차고 그 결과를 보면서 스스로 이해하기를 바랐습니다. 결국 스스로 하는 연습을 통해 모글리가 손흥민 선수 같은 축구 스타가 되리라 믿었기 때문이죠.

여기에서 모글리는 인공지능 컴퓨터입니다. 처음이든 중간이든 컴퓨터에게 미리 정답을 알려 주지 않습니다. 단지 목표에 가까운 행동을 했을 때 보상을 주고, 인공지능 스스로 원인(행동)과 결과(목표)의 관계를 깨닫게 합니다.

이러한 머신러닝의 학습 방법을 강화 학습(Reinforcement Learning)이라고 합니다.

3장

인공 신경망과
합성곱 신경망이란
무엇일까요?

인공신경의 개념

컴퓨터 과학자들은 '머신러닝 하는 컴퓨터가 사람처럼 똑똑해지려면 어떻게 해야 할까?'를 고민하기 시작했습니다.

그 결과 컴퓨터에게 사람의 뇌와 비슷한 구조의 알고리즘을 넣어 주기로 합니다. 이때 사람의 뇌에 있는 신경세포(뉴런)와 비슷하게 만든 알고리즘을 인공신경이라고 합니다.

인공신경의 구조를 [그림 1]로 함께 살펴 봅시다.

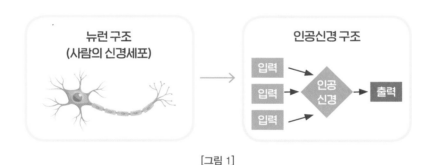

[그림 1]

다양한 데이터가 입력되어 인공신경으로 전달됩니다. 이제 인공신경을 거친 뒤 입력값이 처리 기준치 이상이 되면 출력되고, 처리 기준치 미만이면 출력값은 0이 되어 출력되지 않습니다.

예를 들어 처리 기준치가 10이라고 합시다. 이때 입력값이 9면 출력값은 0이 되어 출력되지 않고, 입력값이 10이 넘으면 출력됩니다.

인공 신경망이 초등학생이라면?

인공 신경망의 발달을 쉽게 이해하기 위해 초등학생들의 생활과 비교해 보겠습니다.

민수는 학교가 끝나면 집으로 가는 길에 간식 사 먹기를 좋아합니다. 이때 배고픔의 정도를 0에서 100까지라고 해 봅시다.

[그림 2]

저학년의 인공신경은 매우 단순해서 배고픔의 입력값만 고려합니다.

배고픈 정도가 50 이상이면 간식을 무조건 사 먹고, 50 미만이면 사 먹지 않고 바로 집으로 갑니다.

[입력]　　　　　　[판단]　　　　　　[출력]

배고파　40

용돈　30

사 먹을까?

기준: 100 이상

자극이 100이
넘지 않아
전달되지 않음

먹을래!

[그림 3]

중학년의 인공신경도 단순한 의사결정만 합니다. 중학년은 배고픔과 남은 용돈이라는 두 개의 입력값을 고려해야 합니다.

[그림 4]처럼 배고픔의 정도값과 남은 용돈에 대한 고민값의 합이 100이 넘을 때에만 간식을 사 먹기로 합니다.

고학년

고학년이 되면 입력값도 늘고, 판단의 기준도 여러 개로 늘어납니다. [그림 4]처럼 배고픔과 용돈뿐만 아니라 어디서 무엇을 먹을지가 최종 결정의 판단 기준이 되죠.

이처럼 최종 결정을 위해 인공신경들이 모이는 것을 층이라 부릅니다. 이러한 층들이 모여서 겹겹이 쌓이면 [그림 4]처럼 화살표들이 그물처럼 복잡해집니다. 이것을 인공 신경망(ANN, Artifical Neural Network)

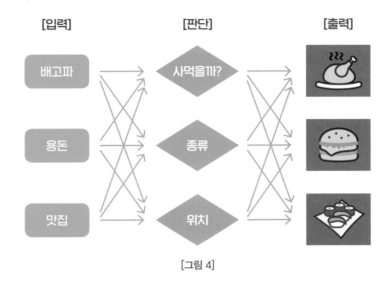

[입력]　　　　　[판단]　　　　　[출력]

배고파　　사먹을까?

용돈　　　종류

맛집　　　위치

[그림 4]

이라고 부릅니다.

　인공지능은 인공 신경망이 더 복잡해질수록 의사 결정을 정확하게
예측할 수 있습니다.

인공 신경망의 종류

단층 신경망(단층 퍼셉트론)		입력층 - 출력층
다층 신경망 (다층 퍼셉트론)	얕은 신경망	입력층 - 은닉층 - 출력층
	심층 신경망	입력층 - 여러 개의 은닉층 - 출력층

단층 신경망은 아기와 비슷하다고 생각하면 됩니다. [배고파], [불편해]라는 입력값이 들어오면 [울어야지]라는 출력값이 바로 나옵니다

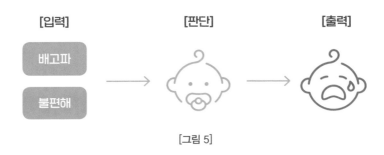

[그림 5]

이렇게 입력층과 출력층으로 이루어진 단순한 구조를 단층 신경망 또는 단층 퍼셉트론(Single-Layer Perceptron)이라고 합니다.

앞에서 예로 들었던 민수의 저학년 시기가 단층 신경망이라 할 수 있습니다.

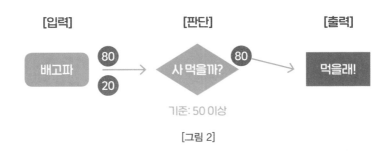

[그림 2]

그리고 고학년의 [그림 4]를 보면 입력층과 출력층 사이에 판단하는

층이 있습니다. 이것은 [사 먹는다] + [간식의 종류] + [간식을 사 먹는 위치]로 이루어져 있죠. 이 층을 은닉층이라고 합니다.

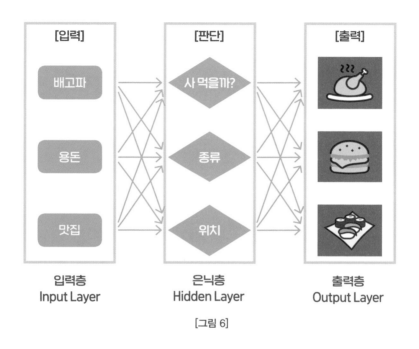

[그림 6]

[그림 6]처럼 입력층과 출력층 사이에 은닉층이 존재하는 구조를 다층 신경망 또는 다층 퍼셉트론(Multi-Layer Perceptron)이라고 합니다.

입력층은 외부로부터 자료를 받아 내부로 전달하는 층이고, 은닉층은 전달받은 자료를 처리하는 층입니다. 그리고 출력층은 결과를 처리하는 층입니다.

다층 신경망은 은닉층의 개수에 따라 얕은 신경망과 심층 신경망으로 나뉩니다. 그림으로 살펴볼까요?

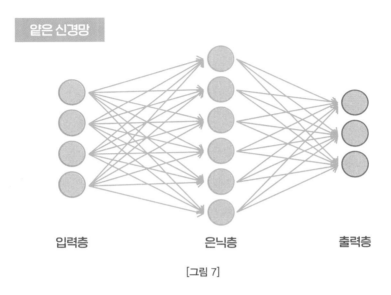

얕은 신경망

입력층　　　　　　　　은닉층　　　　　　　출력층

[그림 7]

은닉층이 1~2개일 때는 얕은 신경망이라고 합니다. 이때 컴퓨터는 얕은 수준의 학습, 쉘로우러닝(Shallow Learning)만 할 수 있습니다. 초기 인공 신경망의 기술 수준이 바로 이 단계입니다.

최근에는 은닉층을 겹겹이 쌓을 수 있을 만큼 기술이 향상되었습니다. 은닉층이 3개 이상이면 심층 신경망이라고 부릅니다.

얕은 신경망을 활용하는 쉘로우러닝은 사람이 특징을 추출한 뒤 컴퓨터에게 얕은 학습을 시켜서 이미지를 구분하게 합니다. 하지만 심층

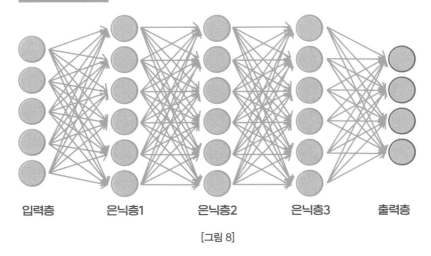

심층 신경망

입력층   은닉층1   은닉층2   은닉층3   출력층

[그림 8]

신경망을 활용하는 딥러닝은 이미지를 구별하는 대부분의 과정을 컴퓨터에게 시킵니다.

그리고 이러한 심층 신경망에서 일어나는 컴퓨터의 학습을 딥러닝(Deep Learning)이라고 합니다.

쉘로우러닝	컴퓨터가 얕은 신경망에서 하는 간단한 학습
딥러닝	컴퓨터가 심층 신경망에서 하는 복잡한 학습

합성곱 신경망의 개념

합성곱 신경망은 앞에서 배운 컴퓨터의 딥러닝이 이루어지는 심층 신경망의 한 종류로, 얼굴 인식과 문자 인식, 사물 인식 같은 분야에 활용되고 있는 인공지능 기술입니다. 합성곱 신경망은 이미지를 분류할 때 추상화의 원리를 이용해요.

추상화의 원리는 다음과 같습니다.

옆에 있는 나무를 A 나무라고 합시다. A 나무는 푸른색, 녹색, 연두색, 갈색 등 여러 가지 색으로 이루어져 있습니다. 이제 산의 정상으로 올라가 봅시다.

산의 정상에서 A나무를 보면 무슨 색으로 보일까요? 아마 녹색의 점으로 보일 거예요. 다른 색은 다 제외되고, 가장 대표적인 색 하나만 남게 됩니다.

이 과정을 추상화라고 합니다.

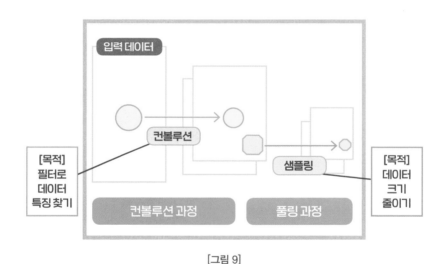

[그림 9]

사람은 개와 고양이를 어떻게 구분할 수 있을까요? 사람은 개와 고양이를 추상화하여 대표적인 특징을 알고 있기 때문에 구분할 수 있습니다. 물론 아기일 때는 구분하지 못합니다. 그러나 성장하면서 수많은 이미지를 학습하며 개는 어떤 모습을 가지고 있는지 추상화된 개념을 가지게 되고, 고양이와 구분할 수 있게 됩니다.

합성곱 신경망(CNN, Convolution Neural Network)은 사람이 대상을 추상화 하는 과정을 본 따 만든 것으로, 크게 두 단계로 나누어 컴퓨터에게 학습시킵니다.

예를 들어 고양이의 이미지를 컴퓨터에 저장합니다. 그 이미지에는 기본적으로 가로선, 세로선, 곡선, 색깔, 명암 등과 같이 수많은 특징들이 담겨 있습니다. 이제 이러한 특징들을 필터로 하나씩 구분해 냅니다. 이를 컨볼루션(Convolution) 과정이라고 합니다. 컨볼루션 과정은 필터를 통해 입력된 데이터의 특징을 찾는 것입니다.

하지만 고양이의 특징은 수없이 많기 때문에 걸러낸 데이터만 모아도 크기가 작지 않습니다. 그래서 데이터의 크기를 줄이는 과정이 필요합니다.

이제 데이터의 크기를 줄이기 위해 대표적인 특징만 다시 골라냅니다. 고양이가 가진 여러 특징 중에 귀 모양, 머리 모양, 눈 크기, 수염 길이의 특징만 가져옵니다. 이를 풀링(Pooling) 과정이라고 합니다. 풀링 과정은 데이터의 특징 중 가장 대표적인 것만 남겨 데이터의 전체 크기를 줄이는 것이죠.

컨볼루션 과정과 폴링 과정은 하나의 세트처럼 차례대로 이루어지고, 수없이 반복됩니다. 결국 이 두 과정을 거쳐 최적화된 샘플들이 만들어지고, 인공지능은 이 샘플을 가지고 개와 고양이를 구별하게 됩니다.

입력되는 데이터들 사이에서 아주 작은 차이까지 구분해 내는 학습을 시키면 인공지능의 판단 오류 가능성은 엄청나게 줄어들고, 이미지 상의 차이를 정확하게 구별하기 때문에 물체를 인식하는 일도 잘하게 됩니다.

그래서 합성곱 신경망은 대상을 정확하게 구분하여 도로 상황을 빠르게 인식하는 자율 주행 자동차, 글자를 구분하여 인식하는 번역 등에 많이 활용되고 있습니다.

AI가 직사각형을 구별하는 방법

합성곱 신경망은 수없이 많은 사각형의 데이터 중에 직사각형을 어떻게 찾아낼 수 있을까요? 컨볼루션 과정과 폴링 과정으로 나누어 생각해 봅시다.

1) 컨볼루션 과정: 직사각형은 '두 개의 가로선, 두 개의 세로선, 네 개의 직각, 평행을 이루는 두 쌍의 대변' 같은 다양한 특징을 가지고 있는데, 그중에 가로선이라는 특징을 찾는 과정입니다.

이제 직사각형의 가로선을 찾는 필터를 '가로 필터'라고 하겠습니다. 컨볼루션 과정은 가로 필터를 가지고 직사각형의 가로선을 찾는 과정입니다.

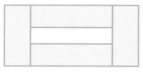

[그림 10]

가로 필터는 [그림 10]처럼 생겼습니다. 가로선만 인식할 수 있고, 나머지 특징들은 제외시키도록 파란색으로 가려주는 필터입니다.

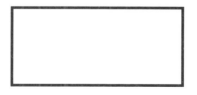

[그림 11]

컴퓨터에 직사각형 이미지 데이터를 입력합니다. 컴퓨터는 가로 필터를 통해 직사각형의 가로선 특징을 찾아낼 것입니다.

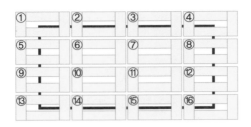

[그림 12]

가로 필터는 '가로선이 있다, 또는 가로선이 없다.'만 판단하는 필터입니다. 1번 위치에서 16번 위치까지 가로 필터를 움직여 가로선을 찾아냅니다.

〈필터 탐색 결과〉

· 가로선이 있다: 1~4번, 13~16번(가로 특징이 있는 여덟 개의 데이터)

· 가로선이 없다: 5~12번

가로 필터를 통해 가로선이 없는 여덟 개의 데이터는 제외되고, 가로선이 있는 여덟 개의 데이터만 추출합니다. 이처럼 컨볼루션 과정에서 가로 필터는 주어진 직사각형에 가로선이 존재한다는 특징을 추출합니다.

2) 풀링 과정: 데이터의 크기를 줄이기 위해 가로 필터로 찾아낸 특징 중 대표적인 가로선만 남기고 나머지 애매한 가로선들은 제외시키는 과정입니다.

[그림 13]

컨볼루션 과정을 거치면서 열여섯 개의 데이터 중에서 여덟 개의 데이터만 남았습니다. 여기서 데이터의 크기를 줄이기 위해서는 가장 대표적인 가로선만 남기는 것이 좋습니다. 여러분이 인공지능이라면 몇 번을 남기고 싶을까요?

가로선의 특징을 가장 잘 나타내는 것은 2번, 3번, 14번, 15번입니다. 왜냐하면 다른 번호에는 꺾인 부분이 나타나기 때문입니다.

이제 필터 그림을 없애고 남은 가로선 데이터만 남겨 보겠습니다.

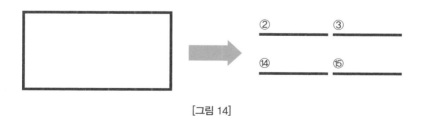

[그림 14]

처음 직사각형과 비교해 보니 어떤가요? 눈으로 보기에도 데이터의 양이 줄어든 것이 보이나요? 컨볼루션 과정을 통해 남은 여덟 개의 데이터 중에서 풀링 과정을 통해 네 개의 데이터만 남았습니다.

이번 예시에서는 가로선의 샘플만 뽑아냈지만, 이외에도 세로선과 직각, 네 선분이라는 샘플을 찾아내면 결국 수없이 많은 사각형 중에 직사각형을 구분하는 합성곱 신경망이 됩니다.

실생활에 활용되는 합성곱 신경망

이제 합성곱 신경망의 과정이 조금 이해되었나요? 합성곱 신경망은 컨볼루션 과정과 풀링 과정을 반복하여 최적화된 샘플을 뽑아낸 뒤 그 샘플로 이미지를 구별합니다. 이러한 합성곱 신경망을 이용한 대표적인 활용 분야는 이미 주변에 많습니다.

- 알파고는 열세 개의 은닉층을 가진 합성곱 신경망으로 학습시킨 머신러닝 프로그램입니다.

- 암 세포와 정상 세포를 구별하는 의료 분야에 쓰이기도 합니다.
  : 암 세포 사진 20만 장을 학습한 인공지능이 의사들도 잡지 못하

는 X선 사진 속 암 세포를 97%의 정확도로 진단할 수 있습니다.

- **무인 편의점에서 얼굴 도장을 찍어 놓으면 스마트폰이나 신분증이 없어도 결제가 가능합니다.**

  : 사진 정보를 저장하는 것이 아니라 사용자 얼굴의 특징을 디지털 코드로 뽑은 다음, 각 코드를 나누어서 보관하기 때문에 해킹 걱정이 없습니다.

- **공항에서 얼굴만으로 신원을 확인할 수 있습니다.**

  : 현재 공항에서는 여권, 지문, 얼굴 인식의 3단계를 거치는 출입국 심사를 하고 있습니다. 하지만 '인공지능 식별 추적 시스템'을 구축하게 되면 얼굴 인식만으로 자동 출입국 심사가 가능해집니다. 실제로 미국 애틀랜타 공항과 싱가포르 창이 공항은 이 시스템을 활용하고 있습니다.

THE **VISUAL AI** CLASS ROOM

2부

10분 만에 끝내는
AI 앱 수업

1장

창의적 체험 학습과 함께하는 AI 애플리케이션

- 리멤버
- 설리반+
- 퀵드로우

 리멤버

* 준비물: 애플리케이션 다운로드 및 회원 가입

아이폰
애플리케이션

안드로이드
애플리케이션

'리멤버'란 무엇인가요?

1) 어떤 애플리케이션인가요?

상대방에게 받은 명함을 카메라로 찍으면 명함 안에 있는 정보(이름, 회사명, 연락처 등)가 자동으로 입력됩니다.

명함을 모은다는 것은 지금까지 만난 사람들과의 '역사'이자 미래의 비즈니스를 풍요롭게 만드는 '가능성'이기도 합니다. 이러한 명함의 가치를 온라인으로 옮겨 더 큰 가치로 발전시키고자 명함 관리 애플리케이션 '리멤버'가 탄생하였습니다.

2) 적용된 AI 기술은 무엇인가요?

광학 문자 인식(OCR, Optical Character Recognition) 기술이라고 합니다. 사람이 쓴 글씨나 기계로 인쇄한 문자를 컴퓨터가 읽을 수 있는 형태로 변환하는 기술입니다.

3) 적용 가능 과목 및 관련 성취 기준은 무엇인가요?

[4국01-06] 예의를 지키며 듣고 말하는 태도를 지닌다.

[4도02-02] 친구의 소중함을 알고 친구와 사이좋게 지내며, 서로의 입장을 이해하고 인정한다.

[6도01-02] 자주적인 삶을 위해 자신을 이해하고 존중하며 자주적인 삶의 의미와 중요성을 깨닫고 실천 방법을 익힌다.

[6실05-01] 일과 직업의 의미와 중요성을 이해한다.

4) 비슷한 애플리케이션은요?

명함인식, 명함스캐너, CamCard 명함스캐너

프로그램 사용법

❶ 신규 사용자로 회원 가입을 합니다. 이때 네이버나 구글 아이디를 활용할 수 있습니다.

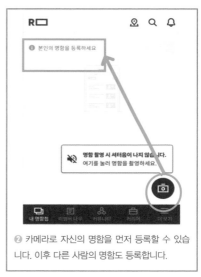

❷ 카메라로 자신의 명함을 먼저 등록할 수 있습니다. 이후 다른 사람의 명함도 등록합니다.

❸ 명함을 바닥에 놓고 애플리케이션 카메라로 촬영합니다.

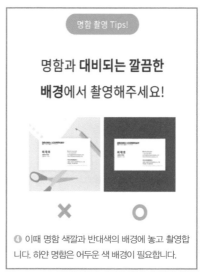

❹ 이때 명함 색깔과 반대색의 배경에 놓고 촬영합니다. 하얀 명함은 어두운 색 배경이 필요합니다.

❺ 뒷면 추가를 눌러 명함의 뒷면을 추가 촬영할 수 있습니다.

❻ 뒷면 촬영 후 촬영 완료를 눌러야 명함 속 글 자들의 인식이 시작됩니다.

문자인식기술과 전문 타이피스트의 수기입력을 접목하여 명함 정보를 정확하게 데이터화해드립니다. 처리가 완료되면 Push알림을 보내 알려드리겠습니다.

❼ 명함 속 정보가 저장되는 데 몇 분 정도 소요 됩니다.

❽ 이름, 연락처, 이메일, 회사 정보가 자동으로 저 장됩니다. 카카오톡이나 문자로 명함을 전달할 수 있습니다.

수업 활용법

1) 수업에는 이렇게 활용해 보세요!

우리 반 학생들이 자신만의 개성과 꿈을 담아 세상에 단 하나 밖에 없는 명함을 만듭니다. 이제 친구들에게 자신의 명함을 나눠주고 친구들의 명함도 받아 볼까요? 당연히 불가능할 거예요. 세상에 단 하나 밖에 없기도 하지만 받는다고 해도 20여 개 이상의 명함을 정리하고 관리하는 일도 쉽지 않으니까요.

바로 이를 가능하게 해 주는 AI 애플리케이션이 '리멤버'입니다. 리멤버 애플리케이션으로 다른 친구의 명함을 촬영만 하면 됩니다. 애플리케이션에 적용된 AI가 명함에 적힌 정보들을 스캔해서 자동으로 스마트폰에 저장해 줍니다.

이러한 AI 애플리케이션의 도움을 받으면 우리 반뿐 아니라 우리 학교 전체 학생들의 명함 정보도 수집하여 관리할 수 있지 않을까요?

2) 교수＊학습 자료

a. **자료:** 리멤버 애플리케이션

b. **성격:** 상대방에게 받은 명함을 카메라로 찍으면 명함에 담겨 있는 정보(이름, 회사명, 연락처 등)를 자동으로 입력 및 정리해 주는 AI 애플리케이션

스마트 활용 수업안

학습 흐름	교수-학습 활동	시간 (분)	기타 자료 및 유의점
문제 제기	◆ 동기 유발 • 명함을 본 다양한 경험에 대해서 이야기를 나눕니다. * 명함이란? 이름, 직업, 연락처, 주소 등이 적힌 작고 네모난 종이입니다. 명함은 17세기 유럽에서 시작되었다고 합니다. 부유하거나 지위가 있는 사람들이 사용했으며, 요즘의 트럼프 카드와 비슷한 크기였다고 합니다.		
학습 문제 제시	◆ 학습 문제 제시 AI 애플리케이션 리멤버를 이용하여 학생들이 만든 명함을 모아 봅시다.		
전개	◆ 학습 활동 안내 〈활동1〉 명함이란? 〈활동2〉 자신만의 명함 만들기 〈활동3〉 자신만의 명함 수첩 만들기 〈활동1〉 명함이란? • 다양한 명함의 종류에 대해 알아보고, 명함에 들어가야 할 내용은 무엇인지 알아봅시다. • 어떤 명함이 좋은 명함이고, 어떤 명함이 좋지 않은 명함인지 이야기를 나누어 봅시다. * 좋은 명함의 조건 1. 텍스트를 읽기 편하다. 2. 너무 많은 색을 쓰지 않는다.		

전개	〈활동2〉 자신만의 명함 만들기 • 자신의 미래 모습을 담은 명함을 만들어 봅시다. • 명함에 꼭 들어가야 할 내용을 먼저 확인한 뒤, 나만의 명함을 디자인해 봅시다. * 명함에 꼭 들어가야 할 내용 1. 미래 가상 회사의 이름 2. 미래 가상 회사의 전화번호 3. 미래 가상 회사의 로고 4. 미래 가상 회사의 주소 및 SNS 주소		
	〈활동3〉 자신만의 명함 수첩 만들기 • 친구들과 명함을 교환하여 봅시다. • 애플리케이션을 통해 명함을 인식시켜 보고, 자신만의 명함 수첩을 완성하여 봅시다. • 명함 수첩에 제대로 기록되지 않는 명함이 있다면 무엇이 문제인지 생각해 봅시다. • 가장 기억에 남는 명함은 무엇인지, 또 어떤 이유 때문에 기억에 남는지 이야기를 나눠 봅시다.		
결론	◆ 학습 내용 정리 및 다음 차시 예고 • 오늘 배운 내용은 무엇인가요? 　– 명함이란 무엇이고, AI 애플리케이션을 활용하여 명함 수첩을 만들어 보았습니다. • 다음 시간에는 미래 가상 회사의 내부를 디자인해 보는 시간을 가지겠습니다.		

미래의 명함 만들기

창체	미래의 명함 만들기	이름
	여러 가지 직업 중 하나를 선택해 그 직업의 특색이 드러나는 나만의 명함을 만들어 봅시다.	

1. 나는 미래에 어떤 일을 하고 싶은가요?

_____

2. 나의 미래 직업이 하는 일을 적어 봅시다.

_____

3. 그 직업이 한눈에 잘 드러나도록
   할 수 있는 로고(그림)는?

4. 명함에 들어가야 할 것들을 적어 봅시다.
   (이름, 전화번호, 이메일, SNS 및 유튜브 채널 등)

_____

5. 직업의 특색이 드러나도록 나만의 명함을 그려 봅시다.

설리번+

* 준비물: 애플리케이션 다운로드 및 회원 가입

안드로이드
애플리케이션

'설리반+' 란 무엇인가요?

1) 어떤 애플리케이션인가요?

시각 장애인 및 저시력자들의 정보 접근성을 높이기 위해 만들어진 시각 보조 애플리케이션입니다. 시각적 보조 장치가 필요한 사용자에게 스마트폰 카메라를 통해 인식된 정보가 문자와 음성의 형태로 전달됩니다.

2) 적용된 AI 기술은 무엇인가요?

AI 모드   촬영한 사진 중 가장 좋은 결과물을 AI가 자동으로 찾아 줍니다.

얼굴 인식   사진 속 사람을 인식하여 그 사람의 나이와 성별을 알려 줍니다.

이미지 묘사   주변에 어떤 물체가 있는지 식별하고, 식별한 장면을 문장으로 묘사해 줍니다.

문자 인식   원하는 곳을 촬영하면, 그곳에 있는 문자를 찾아서 음성으로 알려 줍니다.

3) 적용 가능 과목 및 관련 성취 기준은 무엇인가요?

[2국01-05]   말하는 이와 말의 내용에 집중하며 듣는다.

[4도03-01]   공공장소에서 지켜야 할 규칙과 공익의 중요성을 알고, 공익에 기여하고자 하는 실천 의지를 기른다.

[6도03-01]   인권의 의미와 인권을 존중하는 삶의 중요성을 이해하고, 인권 존중의 방법을 익힌다.

4) 비슷한 애플리케이션은요?

봄, 진소리 Lite, 의사소통 보조 SW

프로그램 사용법

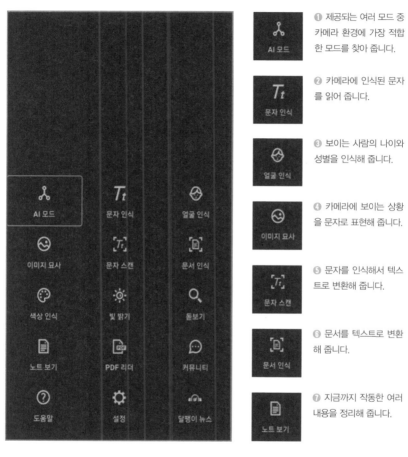

① 제공되는 여러 모드 중 카메라 환경에 가장 적합한 모드를 찾아 줍니다.

AI 모드

② 카메라에 인식된 문자를 읽어 줍니다.

문자 인식

③ 보이는 사람의 나이와 성별을 인식해 줍니다.

얼굴 인식

④ 카메라에 보이는 상황을 문자로 표현해 줍니다.

이미지 묘사

⑤ 문자를 인식해서 텍스트로 변환해 줍니다.

문자 스캔

⑥ 문서를 텍스트로 변환해 줍니다.

문서 인식

⑦ 지금까지 작동한 여러 내용을 정리해 줍니다.

노트 보기

 ⑧ 카메라가 비추는 부분의 색상을 설명해 줍니다.

색상 인식

⑨ 현재 있는 곳의 조도(빛의 밝은 정도)를 말로 설명해 줍니다.

빛 밝기

 ⑩ 작은 부분을 크게 확대해서 보여 줍니다(근시 및 노안용).

돋보기

• 각종 모드를 선택하여 프로그램을 작동할 수 있습니다.

수업 활용법

1) 수업에는 이렇게 활용해 보세요!

우리에게는 불편함 없는 세상이, 누군가에게는 불편함으로 가득한 세상일 수 있습니다. 시각 장애인뿐 아니라 시력에 문제가 있는 사람들은 사물 등을 구분할 때 어려움이 많습니다.

바로 이런 분들에게 도움을 주는 AI 애플리케이션이 '설리번+'입니다.

설리번+ 애플리케이션의 AI는 카메라를 통해 인식한 주변 상황을 문자나 음성으로 알려줍니다. 이는 기존의 정보 제공 체계인 점자보다 사물 및 사람에 대해 더 다양한 정보를 담고 있습니다.

이러한 AI 애플리케이션의 필요성을 인식하는 과정에서 우리 학생들은 장애인에 대한 생각의 변화 및 기본적인 인권과 사회적 배려 등을 배우게 됩니다.

2) 교수*학습 자료

a. **자료**: 설리번+ 애플리케이션

b. **성격**: 시각 장애인 및 저시력자의 정보 접근성을 높이기 위해 제공되는 시각 보조 애플리케이션

스마트 활용 수업안

학습 흐름	교수-학습 활동	시간 (분)	기타 자료 및 유의점
문제 제기	◆ **전시 상기하기** • 시각 장애인과 코끼리 이야기를 듣고 눈에 보이지 않는 상황이라면 사물을 어떻게 인식할지 이야기 해 봅시다. * 맹인모상(盲人摸象) 맹인이 코끼리를 만진다는 뜻으로, '일부를 보고 전체를 판단한다.'라는 뜻을 가지고 있습니다. 이는 불교 경전인 『열반경(涅槃經)』에 있는 다음과 같은 내용에서 비롯된 말입니다. 옛날 인도의 어떤 왕이 진리에 대해 말하다가 대신을 시켜 코끼리를 한 마리 몰고 오도록 하였다. 그러고는 시각 장애인 여섯 명을 불러 손으로 코끼리를 만져 보고 각기 코끼리에 대해 말해 보도록 하였다. 제일 먼저 코끼리의 이빨(상아)을 만진 시각 장애인이 말했다. "폐하, 코끼리는 무같이 생긴 동물입니다." 그러자 이번에는 코끼리의 귀를 만졌던 시각 장애인이 말했다. "아닙니다, 폐하. 코끼리는 곡식을 까불 때 사용하는 키같이 생겼습니다." 옆에서 코끼리의 다리를 만진 시각 장애인이 나서며 큰소리로 말했다. "둘 다 틀렸습니다. 코끼리는 마치 커다란 절구공이같이 생긴 동물입니다." 이처럼 코끼리의 등을 만진 이는 평상같이 생겼다고 우기고, 배를 만진 이는 코끼리가 장독같이 생겼다고 주장하며, 꼬리를 만진 이는 굵은 밧줄같이 생겼다고 외치는 등 서로 다투며 시끄럽게 떠들었다. 이에 왕은 그들을 모두 물러가게 하고 신하들에게 말하였다. "보아라. 코끼리는 하나이거늘, 저 여섯 시각 장애인은 제각기 자기가 아는 것이 진정한 코끼리라고 하면서 조금도 부끄러워하지 않는구나. 진리를 아는 것		

문제 제기	또한 이와 같으니라." 이 우화는 진리를 알기 위해서 바른 눈과 깊은 지혜가 필요하다는 점을 말해 주는 것으로, 사람은 누구나 자기가 알고 있는 만큼만 이해하고 고집하려 든다는 사실을 깨우쳐 줍니다. 남의 말에 쉽게 따르는 것도 좋지 않지만, 자기주장만 계속 고집하는 행위도 옳지 않다는 교훈이 담겨 있습니다.		
학습 문제 제시	◆ 학습 문제 제시 시각 장애인의 마음이 되어 그들의 상황을 이해해 봅시다.		
전개	◆ 학습 활동 안내 〈활동1〉 마트의 음료 구분해 보기 〈활동2〉 애플리케이션을 활용해 마트의 음료 구분해 보기 〈활동3〉 다른 사람의 마음 이해하기 **〈활동1〉 마트의 음료 구분해 보기** • 시각 장애인이 되어 마트 물건을 구분해 봅시다. • 마트의 음료를 구분하기 위해 어떤 것을 이용했는지 이야기해 봅시다. • 마트의 점자가 가지고 있는 문제점을 이야기해 봅시다. * 다른 음료지만 마트의 점자는 같습니다.		

전개	〈활동2〉 애플리케이션을 활용해 마트의 음료 구분해 보기 • 설리번+ 애플리케이션을 이용해 마트의 음료를 구분해 봅시다. • 다양한 모드를 이용해 보고, 어떤 모드를 이용했을 때 가장 좋았는지 비교해 봅시다. • 점자를 활용해 구분했을 때와 애플리케이션을 이용해 구분했을 때 어떤 차이가 있는지 이야기해 봅시다.		
	〈활동3〉 다른 사람의 마음 이해하기 • 헬런 켈러 이야기를 듣고 헬런 켈러의 마음을 이야기해 봅시다. • 다양한 사람들이 조화롭게 살아가는 방법에 대해 이야기를 나누어 봅시다. 누군가 헬렌 켈러에게 물었어요. "당신은 기적을 믿나요?" 헬렌이 답했어요. "기적이 없다면 기적이라는 말도 없겠지요." 보지도 듣지도 못하는 장애가 있어도 활발하게 사회 활동을 함으로써 사람들에게 꿈과 용기를 불어 넣었고, 장애인을 비롯한 소수자의 권익 향상에 앞장섰던 사회 운동가 헬렌 켈러. 사람들은 그런 그의 삶을 '기적'이라고 해요. 이 기적 같은 삶에서 빼놓을 수 없는 인물이 바로 앤 설리번입니다.		
결론	◆ **학습 내용 정리 및 다음 차시 예고** • 오늘 배운 내용은 무엇인가요? – 시각 장애인의 마음에 대해 이야기를 나누어 보았습니다. • 다음 시간에는 몸이 불편한 사람들과 조화롭게 살아가는 방법에 대해 알아보겠습니다.		

시각 장애인의 불편함 이해하기

창체	시각 장애인의 불편함 이해하기	이름
	시각 장애인의 삶에서 불편한 점은 어떠한 것들이 있는지 알아봅시다.	

보기
강아지, 봄, 공, 책상, 빨간색

1. 우리도 시각 장애인처럼 눈을 감고 세상을 바라볼까요?
   보이는 것 말고 어떻게 세상을 표현할 수 있을까요?

나무는
시계는

봄은 앙상한 나뭇가지에 분홍색, 흰색, 노란색 꽃이 피고 초록색 싹이 돋는 계절이야.	아니, 눈을 감아 봐.	
공은 동그랗고 색이 다양한 물건이야.	아니, 눈을 감아 봐.	
책상은 네모나고 평평하고 옆에 가방을 걸 수 있는 고리가 있는 물건이야.	아니, 눈을 감아 봐.	

색은 어떻게 설명할 수 있을까요?

2. 앞이 하나도 보이지 않는 시각 장애인을 전맹이라고 합니다. 전맹 시각 장애인이 마트에 갔습니다. 어떻게 물건을 살 수 있을까요?

_____

_____

3. 점자 말고 어떤 방법이 있을까요? 설리번+ 애플리케이션을 이용해서 시각 장애인들에게 어떤 도움을 줄 수 있는지 확인해 봅시다.

_____

_____

_____

4. 사람들의 삶을 윤택하게 만드는 다양한 기술에는 무엇이 있는지 알아봅시다.

_____

_____

_____

03 **퀵드로우**

---

* 준비물: 웹 사이트

'퀵드로우'란 무엇인가요?

1) 어떤 애플리케이션인가요?

이 게임은 머신러닝을 활용하여 제작되었습니다. 여러분이 그림을 그리면 인공 신경망이 무엇인지 추측합니다. 물론 항상 정답을 맞추는 것은 아닙니다. 하지만 여러분이 게임을 더 많이 할수록 인공 신경망은 더 많이 배우게 됩니다. 구글에서는 지금까지 인공 신경망에 몇백 가지의 개념을 학습시켰고, 앞으로도 더 많은 개념을 학습시킬 예정입니다. 이 게임은 머신러닝을 재미있는 방식으로 활용할 수 있는 예를 소개하기 위해 제작되었습니다.

2) 적용된 AI 기술은 무엇인가요?

머신러닝 연구를 위해 오픈 소스로 공유된 세계 최대 낙서 데이터 세트의 빅데이터를 이용해 대상의 특징을 파악해서 그림을 맞추는 기술입니다.

3) 적용 가능 과목 및 관련 성취 기준은 무엇인가요?

[4국01-06] 예의를 지키며 듣고 말하는 태도를 지닌다.

[4도02-02] 친구의 소중함을 알고 친구와 사이좋게 지내며, 서로의 입장을 이해하고 인정한다.

[6도01-02] 자주적인 삶을 위해 자신을 이해하고 존중하며 자주적인 삶의 의미와 중요성을 깨닫고 실천 방법을 익힌다.

[6실05-01] 일과 직업의 의미와 중요성을 이해한다.

4) 비슷한 애플리케이션은요?

Sketch-RNN

프로그램 사용법

❶ 시작 버튼을 누르면 그림 그리기가 시작됩니다.

❷ 정해진 시간에 그림을 그리면 정답 또는 오답이 표시됩니다.

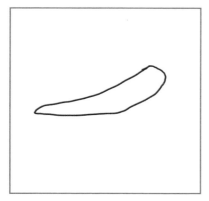

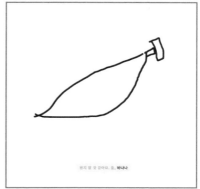

❸ 바나나 그리기를 예로 들면, 왼쪽 그림은 바나나의 특징이 조금 덜 인식되어 바나나를 맞추지 못하지만 오른쪽은 꼭지를 통해 바나나의 특징을 인식하게 됩니다.

위사 갈 모 같아요. 펜, 신발, **비행기**

④ 바나나와 마찬가지로, 대상의 특징(비행기의 날개와 형태)을 표현한다면 AI는 정답을 맞춥니다.

⑤ 여섯 개의 문제를 풀면 결과가 정리되어 나옵니다. 대상의 특징을 제대로 표현하지 못했다면 어떤 점이 문제
인지 생각해 봅시다.

수업 활용법

1) 수업에는 이렇게 활용해 보세요!

우리 학생들은 그림 그리기보다 낙서하기를 더 편하게 여깁니다. 아무래도 미적으로 아름답고 정확하게 그려야 한다는 부담이 있기 때문이죠. 하지만 낙서는 훨씬 부담 없이 그릴 수 있습니다. 옆자리 친구뿐 아니라 나도, 그리고 전 세계 수많은 사람들도 쉽게 낙서 같은 그림을 그릴 수 있어요. 그리고 이러한 낙서 그림에 대한 방대한 데이터를 정리하고 사물의 특징에 맞춰 분류해 둔 빅데이터가 존재합니다.

빅데이터를 바탕으로 머신러닝을 통해 낙서 그림이 어떤 사물을 그린 것인지 맞추는 AI 웹 서비스가 바로 '퀵드로우'입니다.

퀵드로우 웹 사이트를 이용하면 낙서 그림도 그럴 듯한 추상화가 될 수 있습니다. 또한 사물에 대한 특징을 파악하는 과정에서 관찰력도 기를 수 있습니다.

이러한 AI 웹 서비스의 도움을 받으면 우리 학생들은 미술의 추상화 원리를 쉽게 이해할 수 있을 뿐 아니라 그림 그리기에 대한 두려움도 조금은 줄일 수 있을 거예요.

2) 교수＊학습 자료

a. **자료:** 퀵드로우 웹 사이트

b. **성격:** 짧은 시간에 원하는 대상의 그림을 그리면 AI가 그 대상을
맞추는 웹 서비스

스마트 활용 수업안

학습 흐름	교수–학습 활동	시간 (분)	기타 자료 및 유의점
문제 제기	◆ **동기 유발** • 다양한 추상화 작품을 보여 주며 이 작품이 의미하는 바가 무엇인지 이야기 나눕니다. • 작품의 내용은 형태가 나타날 수 있는 작품을 기준으로 정합니다.		
학습 문제 제시	◆ **학습 문제 제시** 퀵드로우 웹 서비스를 이용하여 대상의 특징을 이해하고 추상화를 그릴 수 있습니다.		
전개	◆ **학습 활동 안내** 〈활동1〉 추상 미술에 대해 이해하기 〈활동2〉 퀵드로우 웹 서비스를 이용하여 그림 그리기 〈활동3〉 친구들과 내가 그린 그림 맞추기 활동하기 **〈활동1〉 추상 미술에 대해 이해하기** • 추상 미술의 특징에 대해 이야기를 나눠 봅시다. * 추상 미술이란? 사물을 눈에 보이는 대로 자연적, 사실적으로 재현하는 것이 아니라 점, 선, 면, 색채 등으로 표현하는 것을 목표로 하는 그림 혹은 그 기법(반대 개념은 구상화)입니다. 보통 부드러운 선으로 이루어진 것은 뜨거운 추상, 직선으로 간단명료하게 구성된 것은 차가운 추상이라고 부릅니다. 앞의 예로는 칸딘스키가 있고, 뒤의 예로는 몬드리안이 있습니다. • 대상의 특징을 표현하기 위해 어떻게 나타내야 할지 이야기해 봅시다. • 여러 추상 미술 작품을 보며 어떤 형상을 표현한 것인지 이야기해 봅시다.		

전개	**〈활동2〉 퀵드로우 웹 서비스를 이용하여 그림 그리기** • 퀵드로우 웹 서비스를 활용하여 그림을 그려 봅시다. • AI가 답을 맞추게 하려면 어떤 특징을 그려야 하는지 생각해 봅시다. • 만약에 AI가 답을 맞추지 못했다면 어떻게 그려야 하는지 틀린 문제에 대해 이야기를 나눠 봅시다.		
	〈활동3〉 친구들과 내가 그린 그림 맞추기 활동하기 • 친구들의 손바닥에 그림을 그린 뒤 어떤 내용을 그렸는지 서로 맞춰 봅시다. • 내가 그린 그림을 친구들이 맞췄다면, 어떤 특징을 제대로 나타내어 친구가 맞췄는지 이야기를 나눠 봅시다. • 만약에 내가 그린 그림을 친구가 맞추지 못했다면, 내가 그린 그림에서 추가해야 할 부분이 무엇인지 이야기를 나눠 봅시다.		
결론	◆ **학습 내용 정리 및 다음 시간 예고** • 오늘 배운 내용은 무엇인가요? 　– 추상화 그리는 방법을 퀵드로우를 통해 알아보았습니다. • 다음 시간에는 색상의 특징을 이용하는 추상화를 그려 보겠습니다.		

물체의 특징을 살려 그림 그리기

창체	물체의 특징을 살려 그림 그리기	이름
	우리 주변에 있는 다양한 물체를 간단하게 그려 봅시다.	

우리 주변에 있는 다양한 물체를 간단하게 그려 봅시다.

물체의 이름:	물체의 이름:	물체의 이름:
물체의 이름:	물체의 이름:	물체의 이름:

물체의 이름:	물체의 이름:	물체의 이름:
물체의 이름:	물체의 이름:	물체의 이름:

2장

국어·영어·수학 수업과
함께하는
AI 애플리케이션

- 끝말잇기 알파

- 클로바노트

- 스노우

- 네이버 파파고

- 엠에스 매쓰 솔버

끝말잇기 알파

* 준비물: 애플리케이션 다운로드 및 회원 가입

안드로이드
애플리케이션

'끝말잇기 알파'란 무엇인가요?

1) 어떤 애플리케이션인가요?

AI와 끝말잇기 대결을 하는 애플리케이션입니다. 대결을 통해 사용자의 단어 수준을 분석하고, 그 수준에 맞는 단어를 제시합니다.

끝말잇기는 단어와 말의 재미를 느낄 수 있는 놀이입니다. 다양한 수준으로 즐겁게 할 수 있는 AI 끝말잇기를 통해 단어 수준을 높이는 것이 애플리케이션의 목적입니다.

2) 적용된 AI 기술은 무엇인가요?

빅데이터를 기반으로 사용자의 단어 수준을 분석합니다. 데이터들이 나뭇가지처럼 이어져 있는 트리 구조 기술이 적용되어서 끝말잇기로 단어를 계속해서 이어갈 수 있습니다.

3) 적용 가능 과목 및 관련 성취 기준은 무엇인가요?

[2국05-03]   여러 가지 말놀이를 통해 말의 재미를 느낀다.

[4국04-01]   낱말을 분류하고 국어사전에서 찾는다.

[6국04-02]   국어의 낱말 확장 방법을 탐구하고 어휘력을 높이는 데 적용한다.

4) 비슷한 애플리케이션은요?

가로세로 그림퀴즈, 대국민 끝말잇기, 끝말잇기 쿵쿵따

프로그램 사용법

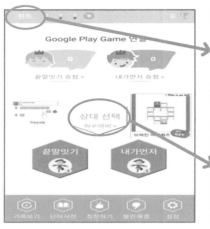

❶ 처음 상대를 선택할 수 있습니다. 몇 번 시도하다 보면 사용자의 수준을 파악하게 됩니다.

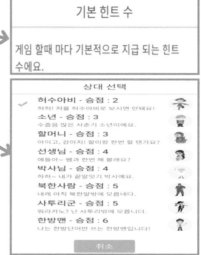

기본 힌트 수

게임 할때 마다 기본적으로 지급 되는 힌트 수에요.

상대 선택

허수아비 - 승점 : 2
허허! 저를 허수아비로 보시면 안돼요!

소년 - 승점 : 3
수줍음 많은 사춘기 소년이에요.

할머니 - 승점 : 3
아이고, 강아지! 할미랑 한번 할 텐가요?

선생님 - 승점 : 4
얘들아~ 쌤과 한번 해 볼래요?

박사님 - 승점 : 4
하하~ 내가 끝말잇기 박사에요.

북한사람 - 승점 : 5
내래 아직 북한말밖에 모릅네다.

사투리군 - 승점 : 5
뭐라카노? 난 사투리밖에 모릅니다.

한방맨 - 승점 : 6
나는 한방단어만 쓰는 한방맨입니다!

취소

❷ 끝말잇기를 선택하면 인공지능이 먼저 대결을 시작합니다. '내가 먼저'를 선택하면 사용자가 먼저 시작합니다.

❸ 인공지능이 원하는 단어를 입력하고 전송을 누릅니다.

🔗 수업 활용법

1) 수업에는 이렇게 활용해 보세요!

수업 시간에 끝말잇기 놀이를 하면 학생들의 수준이 많이 다르다는 사실을 알게 됩니다. 때로는 학생들의 수만큼 수준이 나뉘기도 합니다. 그럴 때 끝말잇기의 상대는 어떻게 짝지어 줘야 할까요? 끝말잇기 알파는 인공지능이 그 놀이의 상대가 되어 줍니다. 그래서 학생은 스스로 상대의 수준을 선택하고, 놀이를 시작할 수 있습니다. 그리고 여러 번 승리하다 보면, 자연스럽게 자신감이 생기게 됩니다. 더 나아가 학생 스스로 상대의 수준을 높이는 학습 향상이 일어납니다. 이렇듯 우리반 학생 수만큼 수준별 수업을 할 수 있다면 이 인공지능의 활용성이 충분히 크다고 말할 수 있겠습니다.

2) 교수＊학습 자료

a. **자료:** 끝말잇기 알파 애플리케이션

b. **성격:** 인공지능이 사용자 수준에 맞춰 끝말잇기 대결을 하는 AI 애플리케이션

⌇ 스마트 활용 수업안

학습 흐름	교수-학습 활동	시간 (분)	기타 자료 및 유의점
문제 제기	◆ **동기 유발** • "리자로 끝나는 말" 노래를 다 같이 불러 봅시다. ┌─────────────────────────────┐ * 리자로 끝나는 말 노래 가사 리 리 리자로 끝나는 말은 괴나리, 보따리, 댑싸리, 소쿠리, 유리 항아리. 리 리 리자로 끝나는 말은 꾀꼬리, 목소리, 개나리, 울타리, 오리 한 마리. └─────────────────────────────┘		
학습 문제 제시	◆ **학습 문제 제시** AI 애플리케이션 끝말잇기 알파를 이용하여 다양한 단어를 익혀 봅시다.		

전개	◆ **학습 활동 안내**
	
	〈활동1〉 끝말잇기 규칙 알기
	〈활동2〉 AI와 끝말잇기 해 보기
	〈활동3〉 끝말잇기 챔피언 뽑기
	
	〈활동1〉 끝말잇기 규칙 알기
	• 끝말잇기 규칙에 대해 설명합니다.
	• 단어 카드를 보여주며 순서에 맞게 단어 잇기를
	  해 봅시다.
	• 아기, 기차, 차도, 도시, 시골이 적힌 단어 카드를
	  순서대로 놓고 읽어 봅시다.
	• 어떤 규칙이 있는지 이야기 나눕니다.
	  − 규칙: 앞 단어의 끝 글자로 시작하는 단어		

전개	**〈활동2〉 AI와 끝말잇기 해 보기** • AI의 수준을 선택해 끝말잇기를 혼자 진행합니다. • 낮은 난이도부터 높은 난이도까지 차례로 진행합니다. • 생각나는 단어가 없을 때에는 사전이나 인터넷을 이용해서 단어를 찾아 끝말잇기를 진행합니다. ＊ AI의 난이도 순서 허수아비 〈 소년 〈 할머니 〈 선생님 〈 박사님 〈 북한사람 〈 사투리군 〈 한방맨		
	〈활동3〉 끝말잇기 챔피언 뽑기 • 끝말잇기를 충분히 연습하였다면 짝과 끝말잇기 대결을 합니다. • 짝과 대결하여 이겼다면, 다른 모둠원 중 짝과 대결하여 이긴 사람과 다시 시합을 합니다. 시합이 끝나면 모둠 대표전, 반 대표전을 통해 챔피언을 뽑습니다. • 사전과 인터넷의 도움 없이 연습한 결과만 가지고 시합합니다.		
결론	◆ **학습 내용 정리 및 다음 차시 예고** • 오늘 배운 내용은 무엇인가요? － 끝말잇기의 규칙에 대해 이해하게 되었고, 많은 단어를 알게 되었습니다. • 다음 시간에는 다양한 단어를 분석해 보는 시간을 가지겠습니다.		

결론 칸의 표:

끝말잇기 단어 적기	글자를 자음과 모음으로 나누기						사전 쪽수 적기
	첫 번째 글자			두 번째 글자			
	자음	모음	받침	자음	모음	받침	
닭장	ㄷ	ㅏ	ㄹㄱ	ㅈ	ㅏ	ㅇ	77

＊ 끝말잇기는 국어사전 찾는 방법과 연계하여 수업할 수 있습니다.

AI와 '끝말잇기 이어달리기'

국어	AI와 '끝말잇기 이어달리기'	이름
	AI와 끝말잇기를 해 봅시다.	

- 대결 방법을 잘 읽고, AI와 했던 대결을 기록합니다.

상대 선택
선생님 >

1. 상대를 선택합니다.
   자신의 수준에 맞게 상대를 선택하되, 자신감이 생기면 승점 4점대의 AI 선생님이나 박사님을 선택하는 것을 추천합니다.

끝말잇기

2. 처음에는 '끝말잇기'를 클릭하여 AI가 먼저 시작할 단어를 고르도록 합니다.

멋진 게임 있었어요.
빠른 선생님아이. 빵이라 물어도 좋아
맥박
박수
수박
박자
자수
수박
단어가 없다고 생각하면 추가해

3. 끝말잇기에서 AI를 이기는 것은 목표가 아닙니다. AI와 최대한 길게 단어를 이어가는 것이 목표입니다.
   (예) 맥박 – 박수 – 수박 – 박자 – 자수 – ?

   만약 AI에게 졌다면 포기하지 말고 '내가먼저'를 클릭합니다.
   내가먼저

단어를 입력하세요.
빠른 선생님아이. 빵이라 물어도 좋아
작수
수수
수수깡
깡촌
촌사람
남자

4. '내가먼저'를 클릭하고 앞의 단계에서 마지막으로 졌던 단어를 적습니다.
   (예) AI에게 진 마지막 단어는 '자수'입니다. 그러면 내가 '자수'를 적습니다.

- 대결 방법을 잘 읽고, AI와 했던 대결을 기록합니다.

'내가먼저' 버튼은 AI의 낱말에 대답할 수 없어서 게임이 끝났을 때 사용할 수 있습니다.

끝말잇기	→		→	
	→		→	
	→		→	
	→		→	First **Goal**
	→		→	
	→		→	
	→		→	Second **Goal**
	→		→	
	→		→	
	→		→	Final **Goal**

클로바노트

* 준비물: 애플리케이션 다운로드 및 회원 가입

아이폰
애플리케이션

안드로이드
애플리케이션

'클로바노트'란 무엇인가요?

1) 어떤 애플리케이션인가요?

　대화를 기록하고 필요한 정보를 찾기 쉽게 도와 주는 애플리케이션
입니다. 일반적으로 대화를 녹음하는 모든 상황에서 사용할 수 있습니
다. 아이디어를 모으는 회의나 인터뷰 등 대화하는 상황에 집중해야
할 때 더욱 유용합니다.

2) 적용된 AI 기술은 무엇인가요?

AI가 사용자의 말에 포함된 맥락과 의도를 파악하고, 이에 맞는 답변 또는 기능을 제공해 주는 기술입니다. 사용자가 정확한 언어로 명령(질의)하지 않은 경우에는 컴퓨터가 사용자의 의도에 맞게 '질의'를 '변환'하는 기술이 사용됩니다.

3) 적용 가능 과목 및 관련 성취 기준은 무엇인가요?

[2국05-03] 여러 가지 말놀이를 통해 말의 재미를 느낀다.

[4국04-01] 낱말을 분류하고 국어사전에서 찾는다.

[6국04-02] 국어의 낱말 확장 방법을 탐구하고 어휘력을 높이는 데에 적용한다.

4) 비슷한 애플리케이션은요?

에버노트, 구글 음성 자막 변환

프로그램 사용법

① 녹음을 시작합니다.

② 음성 종류와 인원을 선택합니다.

③ 완성된 노트를 확인합니다.

🔗 수업 활용법

1) 수업에는 이렇게 활용해 보세요!

학생들은 귀로 들은 내용을 이해하는데 어려움을 느끼고, 대체로 '말'보다는 '글'로 이루어진 매체를 더 선호하는 편입니다. 특히 많은 사람들이 자신이 알지 못하는 어려운 단어로 이야기할 때 흥미를 잃기 쉽습니다.

이럴 때 AI가 사용자의 말에 포함된 맥락과 의도를 파악해서 이에 맞는 답변 또는 기능을 제공해 주는 기술이 적용된 클로바노트 애플리케이션을 이용해 보세요! 그러면 대화를 쉽게 텍스트화 하고 분석할 수 있습니다. 또한 그것을 통해 학생들은 잘 알지 못하는 단어들을 이해할 수 있게 됩니다.

이러한 AI 애플리케이션의 도움을 받으면 학생들은 토의와 토론 수업을 할 때 주제에서 벗어나지 않으며 수업할 수 있습니다.

2) 교수＊학습 자료

a. **자료**: 클로바노트 애플리케이션

b. **성격**: 사람들의 음성을 인식해서 텍스트화 하는 AI 애플리케이션

⟨⟩ 스마트 활용 수업안

학습 흐름	교수-학습 활동	시간 (분)	기타 자료 및 유의점
문제 제기	◆ **동기 유발** • 때와 장소를 구분하지 못하고 스마트폰을 사용하는 영상을 봅니다. • 스마트폰을 사용할 때 주의할 점에 대해 이야기 나눕니다.		
학습 문제 제시	◆ **학습 문제 제시** 스마트폰의 바람직한 사용 방법에 대해 토의해 봅시다.		
전개	◆ **학습 활동 안내** 〈활동1〉 1차 토의하기 〈활동2〉 2차 토의하기 〈활동3〉 실천 과제 결정하기 〈활동1〉 **1차 토의하기** 1. 토의 주제 소개하기: 스마트폰 사용의 문제점에 대해 토의합니다. 2. 모둠별 의견 나누기: 브레인라이팅 방법으로 문제점을 적습니다. 3. 모둠별 의견 모으기: 중복되는 문제점을 제외하고 의견을 모읍니다. 4. 모둠별 의견 정리하기: 클로바노트를 활용해 토의 내용을 정리합니다. 5. 모둠 발표하기: 모둠 결과를 발표합니다.		
	〈활동2〉 **2차 토의하기** 1. 토의 주제 소개하기: 스마트폰의 바람직한 사용 방법에 대해 토의합니다. 2. 모둠별 의견 나누기: 스마트폰의 바람직한 사용을 위한 방법과 그 이유를 각자 적고 장점과 단점 등 대안을 서로 모색합니다.		

전개	3. 모둠별 의견 모으기: 실천 가능성이 있는 좋은 의견으로 결정합니다. 4. 모둠별 의견 정리하기: 클로바노트를 활용해 토의 내용을 정리합니다. 5. 모둠 발표하기: 발표자가 모둠 결과를 발표합니다.		
	〈활동3〉 실천 과제 결정하기 • 각 모둠에서 정한 스마트폰 사용의 바람직한 방법을 정리하고, 그러한 방법 중 가장 좋은 방안을 골라 실천 가능한 좋은 해결 방법을 결정해 봅시다.		
결론	◆ **학습 내용 정리 및 다음 차시 예고** • 오늘 배운 내용은 무엇인가요? 　– 토의를 해 보면서 아쉬웠던 점과 어려웠던 점 그리고 회의를 기록했을 때 장점과 단점을 생각해 봅시다. • 다음 시간에는 주제에 맞는 글 읽기를 해 보겠습니다.		

주제에 따른 토의

국어	주제에 따른 토의	이름
	주제에 따른 토의를 하며, 클로바노트로 토의 내용을 정리해 봅시다.	

토의 주제 정하기	스마트폰의 바람직한 이용 방법은 무엇인가요?
	우리랑 관련이 있는가? (O, X) 우리가 해결할 수 있는 주제인가? (O, X) 우리가 변화를 이끌어낼 수 있는가? (O, X)
의견 마련하기	*내 의견:
	*그 의견을 뒷받침하는 까닭, 근거:
의견 모으기	*의견을 판단할 기준 세우기 1. 2. 3.
	예시(적용 가능): 토의 주제에 맞는 의견인가? 알맞은 근거로 뒷받침했나? 실천할 수 있는가?
	*각 의견의 장·단점 찾기	*의견 판단하기 　(그렇다-보통이다-아니다)
의견 결정하기	

스노우

* 준비물: 애플리케이션 다운로드 및 회원 가입

아이폰
애플리케이션

안드로이드
애플리케이션

'스노우'란 무엇인가요?

1) 어떤 애플리케이션인가요?

카메라를 통해 인식된 얼굴에 메이크업 효과를 줄 수 있는 애플리케이션입니다. 애플리케이션 기능을 활용하면 사용자의 얼굴을 일러스트레이션 형태로 바꿀 수도 있습니다.

스노우는 자신을 표현하고, 즐거운 순간을 공유하며, 함께하는 듯한 생생함을 전달하기 위해 만들어진 애플리케이션입니다.

2) 적용된 AI 기술은 무엇인가요?

합성곱 신경망이라는 얼굴 인식 인공지능 기술이 이용되었습니다. 사람의 얼굴을 인식하고, 그 사람만의 특징을 추출한 후 애니메이션 필터를 적용하여 만화 캐릭터 얼굴로 변환합니다.

3) 적용 가능 과목 및 관련 성취 기준은 무엇인가요?

[6미01-01] 자신의 특징을 다양한 방법으로 탐색할 수 있다.

[6실04-07] 소프트웨어가 적용된 사례를 찾아보고 우리 생활에 미치는 영향을 이해한다.

[4미02-04] 표현 방법과 과정에 관심을 가지고 계획할 수 있다.

[4도02-02] 친구의 소중함을 알고 친구와 사이좋게 지내며, 서로의 입장을 이해하고 인정한다.

[6영03-01] 쉽고 간단한 문장을 강세, 리듬, 억양에 맞게 소리 내어 읽을 수 있다.

[6영03-04] 쉽고 짧은 글을 읽고 줄거리나 목적 등 중심 내용을 파악할 수 있다.

4) 비슷한 애플리케이션은요?

유라이크, 페이스앱, Magic Face

프로그램 사용법

① 첫 화면에서는 사용자의 얼굴에 가장 잘 어울리는 필터를 찾아 골라줍니다(최초 1회 제공).

② '이팩트'에는 인공지능 기능이 적용된 필터들이 있습니다. 특히 '#Cartoon'과 'AR이모지' 필터를 추천합니다.

③ #Cartoon 필터는 사용자의 실제 얼굴과 만화 필터가 적용된 얼굴을 동시에 보여줍니다.

④ AR이모지 필터로 나의 표정을 바꾸면 캐릭터의 표정도 따라서 바뀝니다. 기기의 녹화 버튼을 활용하면 영상도 녹화할 수 있습니다.

수업 활용법

1) 수업에는 이렇게 활용해 보세요!

영어 시간에 역할극이나 역할 놀이를 해 보면 극중 대사보다는 가면 같은 준비물에 많은 시간을 소요하는 경우가 있습니다. 물론 소품을 준비하는 것도 교육의 일부지만, 매번 준비하는 건 여간 어려운 일이 아니죠! 또 어떤 학생들은 직접 무대에서 역할극을 하는 것에 심적인 부담을 갖기도 합니다. 이럴 때 유용하게 활용할 수 있는 AI 애플리케이션이 '스노우'입니다.

애플리케이션을 켜고 어울리는 캐릭터 얼굴을 선택합니다. 그러면 AI가 얼굴을 분석하여 자연스러운 표정 짓기를 따라합니다. 이제 얼굴 위에 캐릭터의 얼굴을 가면처럼 쓰고 다양한 표정을 지어 봅니다. 가면의 표정이 똑같이 바뀔 거예요.

이러한 AI 애플리케이션의 기능을 활용하면 역할극을 위한 준비 시간과 부담이 줄어들 뿐 아니라 학생의 흥미와 의욕이 커질 겁니다. 여기에 촬영 녹화본을 남긴다면 더할 나위 없는 역할극을 완성할 수 있죠.

2) 교수＊학습 자료
a. **자료**: 스노우 애플리케이션
b. **성격**: 카메라를 통해 인식되는 얼굴에 메이크업 효과를 줄 수 있는
　　　　AI 애플리케이션

스마트 활용 수업안

학습 흐름	교수-학습 활동	시간 (분)	기타 자료 및 유의점
문제 제기	◆ **동기 유발** • 역할 놀이를 할 때 즐거웠던 경험에 대해 이야기 해 봅시다. • 역할 놀이를 위한 준비물에는 무엇이 있을지 발 표해 봅시다.		
학습 문제 제시	◆ **학습 문제 제시** 스노우 애플리케이션을 활용하여 역할극을 실감나 게 할 수 있습니다.		
전개	◆ **학습 활동 안내** 〈활동1〉 역할 놀이 상황 이해하기 〈활동2〉 스노우 애플리케이션으로 역할에 맞는 캐 　　　　릭터 만들기 〈활동3〉 내가 만든 캐릭터로 역할 놀이 하기 **〈활동1〉 역할 놀이 상황 이해하기** • 이야기 상황을 제시하여 영어 표현을 이해하는 데 　도움을 줍니다. 모둠별로 한 장면씩 맡도록 안내 　합니다. SCENE 1. 이야기 시작. 엄마(Mom)와 아이(Son)가 윗마을에 사 는 이모집에 놀러갔습니다. 하루 동안 놀다가 집으로 돌아가려는데 이모(Aunt)는 아쉬운 마음에 음식을 싸 주셨습니다. 맛있는 떡과 고구마가 든 바구니를 엄마 는 머리 위에 올렸습니다. Aunt: These are presents. Son: There are rice cakes and sweet potatoes. Mom: Thank you. Aunt: You're welcome. Mom: See you again. Son: Good bye.		

전개	SCENE 2. 첫 번째 고갯길에서 무서운 호랑이(Tiger)를 만났습니다. 호랑이는 배고프다고 말하고, 떡을 받아먹었습니다. Tiger: (배고파하며) Growl! I'm a tiger. I'm so hungry. Mom: (무서워하며) Would you like some rice cakes? Tiger: Yes, I would. Son: (아까워하며) How many rice cakes do you want? Tiger: I want three rice cakes. Mom, Son: Here you are. (떡을 주고 도망간다.) SCENE 3. 두 번째 고갯길에 무서운 호랑이가 또 나타났습니다. 호랑이는 여전히 배고프다고 말하며, 이번에는 고구마를 받아먹었습니다. Tiger: (배고파하며) Growl! I'm the tiger. I'm still hungry. Mom: (무서워하며) What do you want? Tiger: I want to eat rice cakes. Mom: (어쩔 줄 몰라하며) We don't have rice cakes anymore. Son: (무서워하며) Would you like some sweet potatoes? Tiger: Yes, I would. Mom, Son: Here you are. (고구마를 주고 도망간다.) SCENE 4. 세 번째 고갯길에 호랑이가 다시 나타났습니다. 더 이상 줄 게 없던 아이는 맛있는 사탕이라고 얘기하며 돌멩이를 호랑이 입속으로 던졌습니다. Tiger: (배고파하며) Growl! I'm the tiger. I want to eat some food. Mom: We don't have any food. Son: I have a good idea. (호랑이 몰래 돌멩이를 줍는다.) Tiger: I want to eat sweet potatoes. Son: I have candies. Would you like some candies? Tiger: Yes, I would. Mom, Son: Here you are. (아이는 호랑이 입속으로 돌멩이를 던진다. 호랑이는 사탕인 줄 알고 덥석 받아먹은 돌멩이에 목이 막혀 답답해하며 도망간다.)		

전개	〈활동2〉 스노우 애플리케이션으로 역할에 맞는 캐릭터 만들기 • 스노우 애플리케이션 사용법을 익혀 봅시다. • 두 가지 필터를 추천합니다. 내 얼굴을 애니메이션처럼 만들 수 있는 '#Cartoon'과 얼굴의 종류는 정해져 있지만 내가 표정을 짓는 대로 움직이는 'AR이모지'가 있습니다. • 역할극 상황에 맞는 캐릭터를 선택하거나 나의 애니메이션 캐릭터를 등장인물로 선택하도록 안내합니다.		
	〈활동3〉 내가 만든 캐릭터로 역할 놀이 하기 • 역할극 가면을 대신하여 스마트폰 애플리케이션 속 인공지능 기술로 자신의 얼굴을 바꿔줍니다. • 한 명은 카메라 감독이 되어 대화하는 장면을 찍습니다. • 다른 모둠의 역할극을 보며 느낀 점과 인공지능 기술을 활용하여 역할극을 할 때 좋았던 점을 기록합니다.		

결론	◆ **학습 내용 정리 및 다음 차시 예고**
	• 오늘 배운 내용은 무엇인가요?
	  – 스노우 애플리케이션을 이용해 역할극 상황에 맞는 캐릭터를 고르고, 나의 표정에 따라 움직이는 캐릭터의 얼굴을 볼 수 있었습니다.
	  – 역할극 상황에 따라 가면을 대신하여 인공지능 기술을 활용하여 내 얼굴을 만화 속 얼굴로 바꾸었습니다.
	• 다음 시간에는 내가 좋아하는 전래 동화의 장면을 만들어 보는 수업을 하겠습니다.		

⌁ 역할극 대화 스크립트

영어	역할극 대화 스크립트	이름
	스노우 애플리케이션을 활용하여 역할극을 실감나게 할 수 있습니다.	

SCENE 1.

이야기 시작. 엄마(Mom)와 아이(Son)가 윗마을에 사는 이모집에 놀러갔습니다. 하루 동안 놀다가 집으로 돌아가려는 데 이모(Aunt)는 아쉬운 마음에 음식을 싸 주셨습니다. 맛있는 떡과 고구마가 든 바구니를 엄마는 머리 위에 올렸습니다.

Aunt: These are presents.
Son: There are rice cakes and sweet potatoes.
Mom: Thank you.
Aunt: You're welcome.
Mom: See you again.
Son: Good bye.

SCENE 2.

첫 번째 고갯길에서 무서운 호랑이(Tiger)를 만났습니다. 호랑이는 배고프다고 말하고, 떡을 받아먹었습니다.

Tiger: (배고파하며) Growl! I'm a tiger. I'm so hungry.
Mom: (무서워하며) Would you like some rice cakes?
Tiger: Yes, I would.
Son: (아까워하며) How many rice cakes do you want?
Tiger: I want three rice cakes.
Mom, Son: Here you are.
        (떡을 주고 도망간다.)

SCENE 3.

두 번째 고갯길에 무서운 호랑이가 또 나타났습니다. 호랑이는 여전히 배고프다고 말하며, 이번에는 고구마를 받아먹었습니다.

Tige: (배고파하며) Growl! I'm the tiger. I'm still hungry.
Mom: (무서워하며) What do you want?
Tiger: I want to eat rice cakes.
Mom: (어쩔 줄 몰라하며) We don't have rice cakes anymore.
Son: (무서워하며) Would you like some sweet potatoes?
Tiger: Yes, I would.
Mom, Son: Here you are.
　　　　(고구마를 주고 도망간다.)

SCENE 4.

세 번째 고갯길에 호랑이가 다시 나타났습니다. 더 이상 줄 게 없던 아이는 맛있는 사탕이라고 얘기하며 돌멩이를 호랑이 입속으로 던졌습니다.

Tiger: (배고파하며) Growl! I'm the tiger. I want to eat some food.
Mom: We don't have any food.
Son: I have a good idea.
　　　(호랑이 몰래 돌멩이를 줍는다.)
Tiger: I want to eat sweet potatoes.
Son: I have candies. Would you like some candies?
Tiger: Yes, I would.
Mom, Son: Here you are.
　　　　(아이는 호랑이 입속으로 돌멩이가 던진다. 호랑이는 사탕인 줄 알고 덥썩 받아먹은 돌멩이에 목이 막혀 답답해하며 도망간다.)

네이버 파파고

* 준비물: 애플리케이션 다운로드 및 회원 가입

아이폰
애플리케이션

안드로이드
애플리케이션

'네이버 파파고'란 무엇인가요?

1) 어떤 애플리케이션인가요?

네이버 파파고의 파파고는 에스페란토(Esperanto)어로 언어 능력이 뛰어난 앵무새를 뜻합니다. 파파고는 영어 외에도 열두 개의 언어 번역을 지원하는 애플리케이션입니다.

길을 물어 보는 외국인을 만났을 때, 외국어로 된 메뉴판을 볼 때, 해외 웹 사이트에 접속할 때, 언제 어디서든 언어 장벽 없는 세상을 꿈꾸기 위해 생겨난 애플리케이션입니다.

2) 적용된 AI 기술은 무엇인가요?

네이버 파파고는 인공 신경망 기반 번역 서비스로서 OCR(광학 문자 인식)을 통해 어느 나라 언어인지 자동으로 구분해냅니다. OCR은 사진 속 글자를 찾고, 읽을 수 있는 AI 기술입니다.

3) 적용 가능 과목 및 관련 성취 기준은 무엇인가요?

[2슬07-01]   우리나라의 상징과 문화를 조사하여 소개하는 자료
를 만든다.

[2즐07-01]   우리나라의 상징을 여러 가지 방법으로 표현한다.

[4국04-05]   한글을 소중히 여기는 태도를 지닌다.

[4사03-03]   우리 지역을 대표하는 유·무형의 문화유산을 알아보
고, 지역의 문화유산을 소중히 여기는 태도를 갖는다.

[6국01-04]   자료를 정리하여 말할 내용을 체계적으로 구성한다.

4) 비슷한 애플리케이션은요?

구글 번역, 플리토, iTranslate 번역

프로그램 사용법

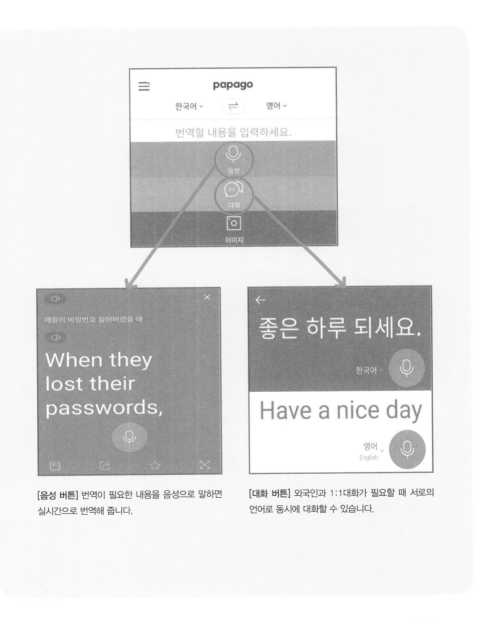

[음성 버튼] 번역이 필요한 내용을 음성으로 말하면 실시간으로 번역해 줍니다.

[대화 버튼] 외국인과 1:1대화가 필요할 때 서로의 언어로 동시에 대화할 수 있습니다.

[**이미지 버튼**] 누르면 카메라가 활성화 됩니다. 카메라로 내가 원하는 글을 찍으면 이미지 속 문자를 자동으로 인식하여 어느 나라 언어인지 구분합니다.

[**바로 번역**] 번역을 원하는 부분을 손가락으로 문질러서 선택할 수 있습니다.

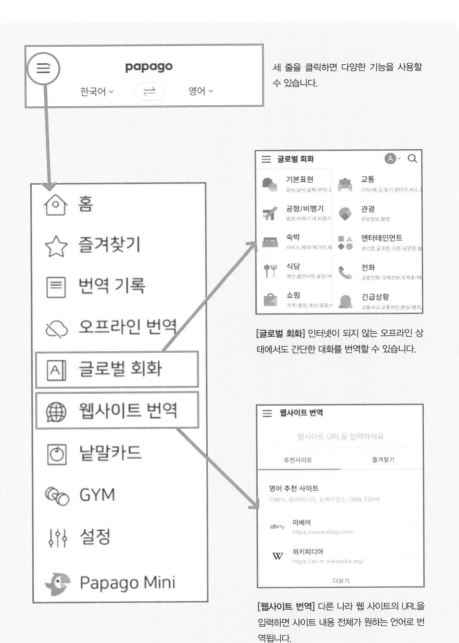

세 줄을 클릭하면 다양한 기능을 사용할 수 있습니다.

[글로벌 회화] 인터넷이 되지 않는 오프라인 상태에서도 간단한 대화를 번역할 수 있습니다.

[웹사이트 번역] 다른 나라 웹 사이트의 URL을 입력하면 사이트 내용 전체가 원하는 언어로 번역됩니다.

⌒⌒ 수업 활용법

1) 수업에는 이렇게 활용해 보세요!

다른 나라로 여행을 떠날 때 걱정되는 것은 무엇일까요? 음식이나 숙소도 걱정이지만, 가장 큰 걱정은 바로 언어입니다. 사람 사는 곳이니 말만 통하면 물어봐서 해결되지 않는 문제는 없습니다. 이 AI 애플리케이션은 다른 사람과 하는 실시간 대화뿐만 아니라 표지판이나 안내문의 글자도 인식합니다. 사용자가 사진만 찍으면 AI가 어느 나라 언어인지 자동으로 인식하고 해석하여 사용자에게 알려 줍니다. 학생들과 우리나라의 상징이나 자랑거리를 주제로 영어 신문을 만들면서 AI를 얼마나 효율적으로 사용할 수 있는지 확인해 보시기 바랍니다.

2) 교수*학습 자료

a. **자료**: 네이버 파파고 애플리케이션

b. **성격**: 다른 나라의 언어를 손쉽게 번역해 주는 대화형 AI 애플리케이션

⌇⌇⌇ 스마트 활용 수업안

학습 흐름	교수-학습 활동	시간 (분)	기타 자료 및 유의점
문제 제기	◆ **동기 유발** • 우리나라와 관련 있는 여러 사진들을 봅시다. • 우리나라의 소중한 것들을 다른 나라 사람에게 알리는 방법으로 어떤 것들이 있는지 이야기해 봅시다.		
학습 문제 제시	◆ **학습 문제 제시** 네이버 파파고 애플리케이션을 이용하여 우리나라의 소중한 문화를 다른 나라 사람에게 알려 봅시다.		
전개	◆ **학습 활동 안내** 〈활동1〉 대한민국의 상징 알아보기 〈활동2〉 우리나라의 자랑거리 소개하기 〈활동3〉 다른 나라 언어로 우리 문화 자랑하기 〈활동1〉 대한민국의 상징 알아보기 • 우리나라를 상징하는 것들로는 무엇이 있는지 알아봅시다. 행정안전부 홈페이지 ▶ 어린이 탭 ▶ 국가상징 알아보기 		

전개	〈활동2〉 우리나라의 자랑거리 소개하기 • 우리나라의 자랑거리를 알리는 자료집을 만들어 봅시다. • 모둠별로 발표 자료를 만들어 발표해 봅시다. ＊우리나라의 자랑거리 1. 음식: 김치, 불고기, 비빔밥 2. 인물: 세종대왕, 이순신 장군 3. 문화: 애국가, 도자기, 판소리, BTS 4. 건물: 경복궁, 한옥		

	〈활동3〉 다른 나라 언어로 우리 문화 자랑하기
	• 자료를 만들어 발표를 끝냈다면, 발표 내용을 좀
	  더 보완하여 다른 나라 언어로 번역된 자료집을
	  만들어 봅시다.
	• 자료집이 완성되었다면 다양한 언어로 되어 있는
	  자료집의 필요성에 대해 생각해 봅시다.		

결론	◆ 학습 내용 정리 및 다음 차시 예고 • 오늘 배운 내용은 무엇인가요? – 다른 나라 언어로 자료집을 만들어 보았습니다.		

자랑스런 우리 문화 번역 자료집

영어	자랑스런 우리 문화 번역 자료집	이름
	우리나라에 있는 다양한 자랑거리를 조사해 영어로 발표해 봅시다.	

김치	(한국어) 김치는 소금에 절인 배추에 양념과 젓갈을 섞어서 발효시켜 만든 음식입니다.
	(English) Kimchi is a fermented food made of salted cabbages with seasonings and fish sauce.

(한국어) 불고기는 쇠고기를 얇고 넓게 잘라서 양념장에 재운 다음 석쇠에 굽거나 끓인 음식입니다. (English)	불고기

비빔밥	(한국어)
	(English)

	(한국어)
	(English)

(한국어)	
(English)	

	(한국어)
	(English)

MS MATH SOLVER
(엠에스 매쓰 솔버)

* 준비물: 애플리케이션 다운로드 및 회원 가입

아이폰
애플리케이션

안드로이드
애플리케이션

∿ '엠에스 매쓰 솔버'란 무엇인가요?

1) 어떤 애플리케이션인가요?

고급 AI 기반 수학 계산기를 활용하여 연산, 대수학, 삼각법, 미분법, 통계 등 다양한 문제에 도움을 주는 애플리케이션입니다. 사용자가 적은 문제를 AI가 바로 인식하고 그에 맞는 단계별 설명과 풀이를 제공합니다.

2) 적용된 AI 기술은 무엇인가요?

사람의 손 글씨를 카메라를 통해 인식한 후 수식 데이터로 변환시켜 주는 OCR 기술이 적용되었습니다. 이에 더하여 이미 저장된 수학 풀이 관련 빅데이터 자료를 활용하여 올바른 수학 공식과 연결시킨 후 설명과 풀이를 제공하는 기술이 적용되었습니다.

3) 적용 가능 과목 및 관련 성취 기준은 무엇인가요?

[2수01-08] 두 자리 수의 범위에서 세 수의 덧셈과 뺄셈을 할 수 있다.

[4수01-09] 나누는 수가 두 자리 수인 나눗셈의 계산 원리를 이해하고 그 계산을 할 수 있다.

[6수01-08] 분모가 다른 분수의 덧셈과 뺄셈의 계산 원리를 이해하고, 그 계산을 할 수 있다.

4) 비슷한 애플리케이션은요?

콴다

프로그램 사용법

• 프로그램 설치 후 언어를 선택하면 세 가지 기능이 나옵니다.

스캔 모드

사진 찍어 풀이 보기

그리기 모드

직접 써서 연습하기

계산기를 활용하여 풀기

검색하여 학습하기

1. 스캔 모드

$36 + 27 \times 2 =$

❶ 종이에 문제를 적은 뒤 촬영 버튼을 누릅니다.

계산
90

해답 단계

$36 + 27 \times 2 =$

27과(와) 2을(를) 곱하여 54(을)를 구합니다.

$36 + 54$

36과(와) 54을(를) 더하여 90을(를) 구합니다.

90

❷ 문제와 풀이가 바로 확인이 가능합니다.

2. 그리기 모드

손가락이나 터치팬을 활용하여 문제를 내며, 바로 답을 확인할 수 있습니다.

3. 유형 모드 활용법

❶ 설명과 풀이를 확인할 수 있습니다.

❷ 일반 계산기와 같은 방법으로 계산 후 풀이를 확인합니다.

🔗 수업 활용법

1) 수업에는 이렇게 활용해 보세요!

'분모가 다른 분수의 덧셈과 뺄셈'은 학생들이 그동안 배운 분수 연산의 최종 목적지와 같습니다. 분모를 같게 만드는 통분의 개념, 분모의 크기가 같은 분수를 만드는 방법, 분수의 종류 같은 개념들을 모두 알아야 이 부분을 완전히 이해할 수 있습니다.

연산에 관련된 단원에서 학생 스스로 문제를 풀고, 잘 풀리지 않을 때 풀이를 바로 확인하면서 다시 풀어본다면 그것이야말로 자기 주도 학습에 한 걸음 가까이 다가가는 것 아닐까요? 이 애플리케이션은 사용자의 손 글씨를 인식하여 풀지 못하는 문제를 확인하고, 그 풀이 방법과 해답까지 제공합니다. 학생들에게 AI를 활용한 자기 주도 학습 방법을 제공해 보면 어떨까 합니다.

2) 교수＊학습 자료

a. **자료**: 엠에스 매쓰 솔버 애플리케이션

b. **성격**: 카메라로 찍은 수학 문제를 풀어 주는 애플리케이션

스마트 활용 수업안

학습 흐름	교수-학습 활동	시간 (분)	기타 자료 및 유의점
문제 제기	◆ **전시 상기하기** • 분모를 통분하여 합을 구하거나 차를 구하는 방법에 대해 알아봅시다. • 대분수의 덧셈과 뺄셈 계산 방법을 떠올려 봅시다.		
학습 문제 제시	◆ **학습 문제 제시** 분수의 덧셈과 뺄셈에 관한 여러 가지 문제를 해결해 봅시다.		
전개	◆ **학습 활동 안내** 〈활동1〉 짝과 함께 분수의 덧셈과 뺄셈 문제 만들어 풀기 〈활동2〉 암호문을 해결해 보기 〈활동3〉 수학 메모리 트리 만들기 〈활동1〉 짝과 함께 분수의 덧셈과 뺄셈 문제 만들어 풀기 • 짝과 함께 분수의 덧셈과 뺄셈 문제를 만들어서 풀어 봅시다. • 자기가 푼 문제와 답을 짝에게 설명해 봅시다. • 풀이가 맞았는지 엠에스 매쓰 솔버 애플리케이션을 이용해 확인해 봅시다. • 만약 자신의 풀이가 틀렸다면 어떤 부분에서 문제가 있었는지 확인해 봅시다.		

전개	〈활동2〉 암호문을 해결해 보기 • 개별 암호문 활동지를 확인하고 모둠별로 해결 계획을 세웁니다. • 각자 분수의 덧셈과 뺄셈 문제를 해결하고 모둠원이 모여 암호문을 완성합니다. • 암호문을 확인하고 이상이 없는지 함께 점검합니다. • 혹시 암호문이 이상하다면 엠에스 매쓰 솔버 애플리케이션을 이용하여 어떤 부분이 틀렸는지 확인합니다. • 모둠원이 협력하여 답을 추론합니다. • 각 모둠이 돌아가며 암호의 문제와 답을 발표합니다. • 협력을 잘한 모둠원들에게 추가로 보상합니다.		
	〈활동3〉 수학 메모리 트리 만들기 • 메모리 트리를 작성하여 분수의 덧셈과 뺄셈 계산하는 방법을 정리합니다. ① 분모가 다른 진분수의 덧셈과 뺄셈 ② 분모가 다른 대분수의 덧셈과 뺄셈		
결론	◆ **학습 내용 정리 및 다음 차시 예고** • 오늘 배운 내용은 무엇인가요? – 분수의 덧셈과 뺄셈 문제를 풀고 애플리케이션으로 정답을 확인한 후 암호를 풀었습니다. • 다음 시간에는 분수 막대를 이용하여 대분수의 덧셈과 뺄셈을 풀어 보겠습니다.		

암호문을 해독하라!

수학	암호문을 해독하라!	이름
	분수의 덧셈과 뺄셈 문제를 해결하고, 암호 해독표를 이용하여 짝과 함께 문장을 완성하시오.	

① $\dfrac{6}{7} - \dfrac{3}{4} =$

② $\dfrac{2}{10} + 1\dfrac{3}{4} =$

③ 수조에 $1\dfrac{1}{2}$ L의 물을 부은 다음 $1\dfrac{1}{5}$ L의 물을 더 부었습니다. 수조에 물은 모두 몇 L가 되었습니까?

④ $\dfrac{2}{3} - \dfrac{1}{4} =$

⑤ $1\dfrac{7}{12} + 3\dfrac{1}{10} =$

⑥ 냉장고에 케이크가 $\dfrac{4}{5}$ 만큼 남아 있었는데 간식으로 $\dfrac{1}{5}$ 만큼 먹었다면, 케이크는 얼마나 남아 있습니까?

⑦ $2\dfrac{3}{8} - 1\dfrac{5}{6} =$

⑧ $3\dfrac{1}{4} + \dfrac{4}{5} =$

⑨ 길이가 $5\dfrac{4}{6}$ m인 철사가 있었습니다. 진영이가 $3\dfrac{2}{3}$ m를 잘라서 사용했다면, 남은 철사의 길이는 몇 m입니까?

⑩ $5\dfrac{5}{9} + 2\dfrac{1}{6} =$

⑪ $3\dfrac{5}{12} - 1\dfrac{11}{18} =$

⑫ 미술시간에 사용한 종이 테이프가 혜정이는 $\dfrac{3}{7}$ m, 혜윤이는 $\dfrac{2}{3}$ m가 남았습니다. 모두 합하면 몇 m가 남았습니까?

《 우리 모둠의 답 》

①	②	③	④	⑤	⑥	⑦	⑧	⑨	⑩	⑪	⑫

《 암호 해독표 》

강	면	병	찌	저	서	리	어	약	넣	태	에	윤
$\frac{7}{6}$	$\frac{3}{28}$	1	$1\frac{19}{20}$	$\frac{3}{4}$	$2\frac{7}{10}$	$1\frac{1}{2}$	$\frac{5}{12}$	$1\frac{1}{5}$	$4\frac{41}{60}$	3	$\frac{3}{5}$	$\frac{1}{2}$

감	통	너	찜	틀	을	한	책	잔	학	찾	수	먼
4	$\frac{13}{24}$	$1\frac{7}{12}$	$4\frac{1}{20}$	$3\frac{1}{10}$	2	$3\frac{2}{3}$	$7\frac{13}{18}$	$\frac{2}{3}$	$1\frac{29}{36}$	$\frac{2}{6}$	$1\frac{2}{21}$	5

<문제>

_____

_____

<정답>

_____

_____

_____

_____

3장

음악 수업과
함께하는
AI 애플리케이션

- 크롬 뮤직랩 - 칸딘스키
- 험온

크롬 뮤직랩 – 칸딘스키

* 준비물: 웹 사이트

 '크롬 뮤직랩 - 칸딘스키'란 무엇인가요?

1) 어떤 애플리케이션인가요?

구글은 크롬으로 음악을 배울 수 있는 웹 서비스를 제공합니다. 칸 딘스키는 크롬 뮤직랩 속에 있는 애플리케이션으로, 그림을 통해 음악을 표현할 수 있습니다. 사용자가 그림을 그리면 그것을 음악으로 만들어 줍니다. 아이들에게 음악의 원리를 쉽게 알려 주는 도구를 제공하려는 목적으로 만들어졌답니다. 크롬 뮤직랩에는 칸딘스키 외에도

화음, 멜로디 메이커, 리듬, 피아노 롤, 사운드 웨이브, 아르페지오, 송메이커 등이 있습니다.

2) 적용된 AI 기술은 무엇인가요?

합성곱 신경망은 미술의 선·형·색으로 나타낸 사용자의 표현을 음악의 리듬·박자·멜로디로 바꾸어 줍니다. 음악을 그린 미술가로 유명한 바실리 칸딘스키는 '선과 색이 진동하여 울린다.'라고 말하였습니다. 그의 회화적 표현 기법을 본 따 만든 '크롬 뮤직랩 – 칸딘스키'는 사용자가 그리는 선, 원, 삼각형, 낙서 같은 것을 소리로 바꿔 줍니다.

3) 적용 가능 과목 및 관련 성취 기준은 무엇인가요?

[4미03–01] 다양한 분야의 미술 작품과 미술가들에 관심을 가질 수 있다.

[4미03–03] 미술 작품에 대한 자신의 느낌과 생각을 발표하고, 그 이유를 설명할 수 있다.

[6미01–04] 이미지를 활용하여 자신의 느낌과 생각을 전달할 수 있다.

프로그램 사용법

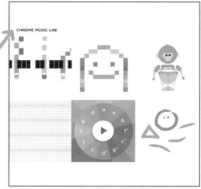

❶ 검색창에 '크롬 뮤직랩'을 검색합니다.

❷ 크롬 뮤직랩에 있는 열네 개 애플리케이션 중에 '칸딘스키'를 이용합니다.

❸ '크롬 뮤직랩 – 칸딘스키'는 선, 원, 삼각형, 낙서 등 사용자가 그리는 모든 것을 소리로 바꾸어 주는 기능을 가지고 있습니다.

❹ 칸딘스키 창이 활성화 되면 자신이 원하는 그림을 그릴 수 있습니다. 먼저 점, 선, 면(도형)을 그려 봅니다.

1. 작곡 흥미 유발

작곡은 작곡가도 힘들어 합니다. 하지만 '칸딘스키'를 활용하면 아이들에게 그림도 작곡이 될 수 있다는 것을 알려 줄 수 있습니다.

2. 악보를 읽는 방향 익히기

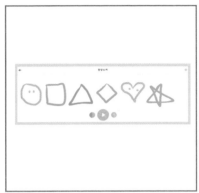

'칸딘스키'를 실행하면 왼쪽부터 오른쪽으로 도형들이 차례대로 움직이며 소리가 나옵니다. 이를 통해 악보는 왼쪽에서 오른쪽으로 읽는다는 점을 감각적으로 익힙니다.

3. 음높이 알기

동그라미의 높낮이를 다르게 그리면서 음의 높고 낮음을 그림과 소리로 자연스럽게 알게 됩니다.

4. 음색 이해하기

플레이 버튼의 왼쪽을 누르면 세 가지의 색을 고를 수 있습니다. 같은 그림이지만 색이 바뀌면 음색이 달라지는 것을 이해합니다.

🔗 수업 활용법

1) 수업에는 이렇게 활용해 보세요!

작곡은 작곡가에게도 매우 어려운 작업입니다. 그렇다면 처음 작곡을 해 보는 학생들은 어떻게 느낄까요? 작곡의 3요소나 음악의 무수한 이론들을 모두 알아야만 작곡할 수 있을까요?

뛰어난 음악들이 꼭 이론에서 출발하는 것은 아닙니다. 일상의 소리나 미술 작품 감상 또는 문학 작품에서도 작곡이 시작될 수 있습니다. 이 애플리케이션은 단순한 낙서 같은 그림을 그려도 그에 맞는 음악을 만들어 줍니다. 이러한 AI 활동을 통해 작곡의 즐거움을 학생들에게 알려줄 수 있다면 그것만큼 흡족한 결과는 없을 것입니다.

2) 교수*학습 자료

a. **자료**: 크롬 뮤직랩 – 칸딘스키 웹 사이트

b. **성격**: 사용자가 그린 그림을 음악으로 바꾸어 주는 작곡 AI 웹 서비스

∿ 스마트 활용 수업안

학습 흐름	교수-학습 활동	시간 (분)	기타 자료 및 유의점
문제 제기	◆ **동기 유발** • 여러 과일의 사진을 보며 과일들의 느낌을 말로 표현해 봅니다. • 과일들의 느낌을 표현한 노래를 들어 봅시다.(채소과일송)		
학습 문제 제시	◆ **학습 문제 제시** 크롬 뮤직랩-칸딘스키를 이용해 음악을 작곡해 봅시다.		
전개	◆ **학습 활동 안내** 〈활동1〉 과일 그리기 〈활동2〉 나는 미술 작곡가 〈활동3〉 주제가 있는 작곡하기 〈활동1〉 과일 그리기 • 자신이 좋아하는 과일을 색을 칠하지 말고 그려 봅시다. • 과일이 잘 생각나지 않으면 인터넷으로 과일 사진을 찾아서 그려 봅시다. • 복잡하게 그리기보다는 단순화 해서 그려 봅시다.		
	〈활동2〉 나는 미술 작곡가 • 우리가 그린 그림을 칸딘스키를 이용해서 음악으로 표현해 봅시다. • 크롬 뮤직랩에 접속하여 〈활동1〉에서 그렸던 과일 그림을 컴퓨터로 그려 봅시다. • 화살표를 눌러 어떤 음악이 나오는지 확인해 봅시다. • 내가 그린 과일 음악은 어떤 느낌이 드는지, 내가 생각한 과일의 느낌과 비슷한지 확인해 봅시다.		

전개	1. 작곡은 음악을 만드는 것이고, 작곡할 때에는 악보를 몰라도 할 수 있다는 것을 알 수 있도록 합니다. 2. 과일의 높낮이 위치를 다르게 하여 음의 높낮이를 이해시킬 수 있습니다.		
	〈활동3〉 주제가 있는 작곡하기 • 여러 가지 주제를 선택하여 그림을 그리고 그 그림으로 작곡을 해 봅시다. • 주제에 포함되는 그림을 세 개에서 다섯 개 이내로 그린 뒤 그림을 여러 가지 색으로 바꾸어 들어 봅시다. • 가장 마음에 드는 음악을 작곡했다면, 제목을 정해 봅시다. ＊주제(추상적 주제보다는 구체적 개념의 주제를 추천함) 1. 계절: 봄, 여름, 가을, 겨울 2. 음식: 과일, 채소, 간식 3. 물건: 주방용품, 학용품 4. 패션: 옷, 모자, 신발, 가방 작곡을 위한 그림 예시 [따뜻한 과일들]　[맛없는 과일들]　[채소 같은 과일들]		
결론	◆ **학습 내용 정리 및 다음 차시 예고** • 오늘 배운 내용은 무엇인가요? 　− 그림을 통해서 작곡을 해 보았습니다 • 다음 시간에는 다른 친구의 작품을 듣고 제목을 같이 만들어 보겠습니다.		

자신이 좋아하는 과일 그리기

음악	자신이 좋아하는 과일 그리기	이름
	자신이 좋아하는 과일을 그리고 과일의 느낌을 적어 봅시다.	

내가 좋아하는 과일의 이름과 그림

내가 그린 과일의 모양과 색에서 느끼는 감정 적어 보기

_____

_____

_____

_____

험온

* 준비물: 애플리케이션 다운로드 및 회원 가입

안드로이드
애플리케이션

'험온'이란 무엇인가요?

1) 어떤 애플리케이션인가요?

일상 속의 중얼거림을 당신만의 음악으로 만들어 주는 애플리케이션입니다. 이 프로그램을 이용해서 소리를 녹음하면 악보 확인 및 편집까지 가능합니다. 간직하고 싶은 멜로디가 있거나 원하는 멜로디를 만들고 싶은 사람은 이 애플리케이션을 통해 언제 어디서든 악보로 만들 수 있습니다.

2) 적용된 AI 기술은 무엇인가요?

소리 신호를 악기 정보로 바꿔 주는 음원 정보 복원 기술과 음악가의 멜로디와 악기, 화성 조합을 계속 러닝하는 머신러닝 기술이 적용되어 있습니다. 게다가 많은 데이터를 체계적으로 정리하는 빅데이터 기술까지 확인할 수 있습니다.

3) 적용 가능 과목 및 관련 성취 기준은 무엇인가요?

[4음01-04]　　제재곡의 리듬꼴이나 장단꼴을 바꾸어 표현한다.

[6음01-04]　　제재곡의 일부 가락을 바꾸어 표현한다.

4) 비슷한 애플리케이션은요?

작곡가를 흥얼, HummingGo

프로그램 사용법

❶ 신규 사용자로 회원 가입을 하며, 네이버나 구글 아이디를 활용할 수 있습니다.

❷ 템포 모드를 정합니다. **템포 프리 모드:** 박자와 관계없이 악보를 기록하는 방식(초급 기능). **메트로놈 모드:** 일정한 박자 속에 악보를 기록하는 방식(고급 기능).

❸ 모드를 정했다면 허밍으로 녹음합니다. 기본적인 음성 인식 이후 허밍을 녹음하는 방식으로 이루어져 있습니다.

❹ 허밍을 했다면 노래를 들어 보고 장르 선택 및 악보 선택을 해 봅니다.

❺ 악보 모드로 들어가면 악보의 편집이 가능합니다.

❻ 악보를 편집하고 싶다면 템포와 음높이를 조절할 수 있습니다.

🔗 수업 활용법

1) 수업에는 이렇게 활용해 보세요!

일상에서 기분이 좋을 때 자신도 모르게 흥얼거려 본 경험이 있나요? 절로 나오는 콧노래는 예전에 유행하던 곡일 수도 있고, 최근에 들어본 음악일 수도 있죠. 이런 허밍이 새로운 음악으로 만들어진다면 어떨까요?

이 애플리케이션은 사용자의 허밍을 인식해서 악보로 만들어 줍니다. 악보를 읽거나 쓰지 못해도 AI의 도움을 받아 만들 수 있습니다. 또한 원하는 노래로 편집하고 싶다면 템포와 음높이까지 조절할 수 있는 악보 편집 모드 사용이 가능합니다. 기분 좋은 흥얼거림이 새로운 곡으로 만들어지는 경험을 함께해 보세요.

2) 교수＊학습 자료

a. **자료**: 험온 애플리케이션

b. **성격**: 허밍을 악보와 음악으로 바꾸어 주는 AI 애플리케이션

⌒⌒⌒ 스마트 활용 수업안

학습 흐름	교수-학습 활동	시간 (분)	기타 자료 및 유의점
문제 제기	◆ **동기 유발** • 요들송을 들은 뒤 요들레이 부분을 들은 느낌을 이야기합니다. • 휘파람과 같이 우리의 말을 음악으로 표현하는 방법에 대해 이야기 나눕니다.		
학습 문제 제시	◆ **학습 문제 제시** 머릿속 장면을 험온 애플리케이션을 이용하여 음악으로 만들어 봅시다.		
전개	◆ **학습 활동 안내** 〈활동1〉 허밍에 대해 이해하기 〈활동2〉 험온 애플리케이션을 이용해 허밍으로 작곡하기 〈활동3〉 날씨를 주제로 작곡하기 〈활동1〉 **허밍에 대해 이해하기** • 가사가 없는 음악에 대해 이야기 나눕니다. • 가사 없이 표현하는 방법에 대해 이야기 나눕니다. • 허밍이란 무엇인지 같이 이야기 나누어 봅니다. * 허밍(HUMMING)이란? 입을 다물고 코로 소리를 내어 노래를 부르는 창법으로 합창에 많이 쓰입니다.		

전개	**〈활동2〉 험온 애플리케이션을 이용해 허밍으로 작곡하기** • 허밍 애플리케이션을 이용하여 작곡해 봅시다. • 주제를 한정하지 말고 자신이 만든 노래가 어떤 음악으로 표현되는지 확인해 봅시다. • 자신이 만든 음악이 마음에 들지 않는다면, 음표의 길이와 높이를 조절하여 수정해 봅시다. 이때 화성악을 강조하기 보다는 자신의 느낌을 잘 표현할 수 있도록 합니다. **〈활동3〉 날씨를 주제로 작곡하기** • 자유롭게 음악을 작곡할 수 있다면, 날씨를 표현할 수 있는 음악을 작곡해 봅시다. • 비 오는 날, 햇빛이 강한 날, 구름이 가득 낀 날 등 다양한 날씨를 음악으로 표현해 봅시다. • 완성된 작품에 제목을 지어 보고, 악보에 옮겨 그려 봅시다.
결론	◆ **학습 내용 정리 및 다음 차시 예고** • 오늘 배운 내용은 무엇인가요? − 허밍을 통해서 작곡을 해 보았습니다. • 다음 시간에는 다른 친구의 작품을 듣고 제목을 같이 만들어 보겠습니다.

나만의 악보 만들기

음악	나만의 악보 만들기	이름
	흥얼거림으로 만들어진 노래의 악보를, 그리고 제목을 정해 봅시다.	

나만의 노래 제목

노래 제목을 결정하게 된 이유를 적어 봅시다.

4장

미술 수업과
함께하는
AI 애플리케이션

- 오토드로우

- 프리즈마

- 구글 아트 앤 컬처

- 잇셀프

- 인스탠들리

- 엔비디아 고갱

AUTO DRAW(오토드로우)

* 준비물: 웹 사이트

'오토드로우'란 무엇인가요?

1) 어떤 애플리케이션인가요?

오토드로우는 그림을 그리는 웹 서비스입니다. AI의 머신러닝과 아티스트의 그림을 결합하여 그림을 못 그리는 사람도 예쁜 그림을 그릴 수 있게 도와줍니다. 다시 말해 모든 사람이 좀 더 쉽고 재미 있게 그림을 그릴 수 있도록 도와주는 웹 서비스입니다.

2) 적용된 AI 기술은 무엇인가요?

인공 신경망을 활용한 그림의 패턴 인식 기술이 사용되었습니다. 그리고 인식한 패턴과 빅데이터 속의 그림을 연결시켜 추상화 아티스트의 그림과 비슷하게 그려 주는 기술입니다.

3) 적용 가능 과목 및 관련 성취 기준은 무엇인가요?

[6미01-02]　　대상이나 현상에서 시각적 특징을 발견할 수 있다.

[6미01-03]　　이미지가 나타내는 의미를 찾을 수 있다.

[6미01-05]　　미술 활동에 타 교과의 내용, 방법 등을 활용할 수 있다.

4) 비슷한 애플리케이션은요?

퀵드로우, 플로(AI 음악 추천 프로그램)

프로그램 사용법

❶ 스타트 버튼을 클릭하여 시작해 봅시다.

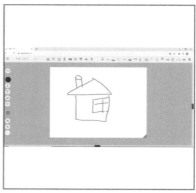

❷ 집을 그리고 싶으면 어떻게 그려야 할까요? 삼각형 지붕과 네모난 벽과 창문, 굴뚝을 그려 보겠습니다.

❸ 오토드로우는 이 그림을 인식하고 학생들이 원하는 집 그림을 추천해 줍니다.
여기서 추천해 준 네 번째 그림을 클릭해 보겠습니다.

❹ 그러면 내가 그린 그림이 오른쪽 그림으로 변하는 것을 확인할 수 있습니다.

AutoDraw ×	
Start over	페이지 크기 선택
Download	내가 그린 그림 다운로드 버튼
Share	내가 그린 그림 공유 링크 만들기
How-To	사용법 안내 버튼
Shortcuts	단축기 확인 버튼
Artists	디자이너 확인해 보기
About	프로그램 정보

자동 그리기 버튼을
눌러야 인공지능이
추천하는 그림을
확인할 수 있습니다.

그림 선택 버튼	
자동 그리기 버튼	
그림 그리기 버튼	
텍스트 입력 버튼	
색칠하기 버튼	
도형 그리기 버튼	
색상 선택 버튼	
확대 버튼	
실행 취소 버튼	
삭제 버튼	

⫶⟋ **수업 활용법**

1) 수업에는 이렇게 활용해 보세요!

픽토그램은 정보를 알기 쉽게 그리는 그림 문자입니다. 그냥 그림을 그리는 것도 아니고, 정보까지 전달해야 하는 상황에 놓인 학생들은 어떤 것부터 해야 할지 고민이 많을 것입니다. 만약 그림에 자신이 없는 학생이라면 더욱 어려워할 것입니다.

이 애플리케이션은 그림을 못 그리는 사람에게 빅데이터 속 가장 비슷한 그림을 추천해 주고, 그 그림으로 변환시켜 줍니다.

처음에는 추천해 준 그림을 자주 사용하지만 시간이 흐르면서 추천 그림을 따라 그리게 되고, 나중에는 애플리케이션의 그림과 자신의 그림을 비교하면서 본인의 의도가 들어간 그림도 그릴 수 있게 됩니다.

2) 교수＊학습 자료

a. **자료**: 오토드로우 웹 사이트

b. **성격**: 머신러닝과 아티스트의 그림을 결합하여 그림을 못 그리는
　　　 사람도 그림을 쉽게 그릴 수 있게 해 주는 웹 서비스

스마트 활용 수업안

학습 흐름	교수−학습 활동	시간 (분)	기타 자료 및 유의점
문제 제기	◆ **동기 유발** • 픽토그램이란 무엇이고, 우리 주변에서 어떻게 활용되고 있는지 그림을 보며 알아봅시다. * 픽토그램이란? 글을 모르는 사람이 보아도 알기 쉽도록 정보나 규칙을 상징적인 그림으로 나타낸 그림 문자입니다. '그림(Picture)＋전보(Telegram)'의 합성어로, 국제적인 행사에서의 사용을 목적으로 제작되었습니다.		
학습 문제 제시	◆ **학습 문제 제시** 오토드로우 웹 서비스를 이용하여 우리 주변에서 필요한 픽토그램을 그려 봅시다.		
전개	◆ **학습 활동 안내** 〈활동1〉 픽토그램이 필요한 상황 알아보기 〈활동2〉 종이에 픽토그램 그려 보기 〈활동3〉 오토드로우 웹 서비스를 이용하여 픽토그램 단순화하기 〈활동1〉 픽토그램이 필요한 상황 알아보기 • 우리 주변에 픽토그램이 필요한 곳에 대해 알아봅시다. * 우리 주변에 픽토그램이 필요한 곳 급식소, 교실, 분리수거장, 운동장, 복도, 강당, 도서관		

전개	• 픽토그램이 필요한 상황에 대해 알아봅시다. 장소를 알려 주는 픽토그램, 주의를 필요로 하는 픽토그램, 어떤 행동을 요구하는 픽토그램 등 다양한 예시를 제시합니다.		
	〈활동2〉 종이에 픽토그램 그려 보기 • 각자가 정한 픽토그램을 종이에 그려 봅시다. • 픽토그램을 그릴 때 중요하게 생각해야 할 점에 대해 알아봅시다. * 픽토그램을 그릴 때 생각해야 할 점 1. 단어 정하기: 특징이 잘 떠오르는 단어를 선택합니다. 2. 단어 이미지: 여러 가지 이미지를 스케치합니다. 3. 단어를 그림 문자로 만들기: 어울리는 이미지를 글자에 적용합니다. 4. 색칠하기: 이미지별로 채색합니다.		
	〈활동3〉 오토드로우 웹 서비스를 이용하여 픽토그램 단순화하기 • 여러분들이 그린 그림을 웹 서비스로 변환해 봅시다. 형태를 그려 본 뒤, 가장 상황에 맞는 그림을 선택하여 픽토그램을 만들어 봅시다. 오토드로우 변환 후 • 웹 서비스를 이용해 그린 그림과 종이에 그린 그림을 비교해 보고 어떠한 점이 달라졌는지 확인해 봅시다.		

결론	◆ **학습 내용 정리 및 다음 차시 예고**
	• 오늘 배운 내용은 무엇인가요?
	  – AI 웹 서비스를 활용하여 픽토그램을 그리는
	    방법에 대해 알게 되었습니다
	• 다음 시간에는 그림을 간단히 표현하는 방법에
	  대해 알아보겠습니다.		

PRISMA(프리즈마)

* 준비물: 애플리케이션 다운로드 및 회원 가입

안드로이드
애플리케이션

'프리즈마'란 무엇인가요?

1) 어떤 애플리케이션인가요?

프리즈마는 사진을 유화, 수채화, 만화, 스케치 등 다양한 그림 방식으로 바꿔 주는 AI 애플리케이션입니다. 유명 화가나 만화가의 화풍 또는 장식이나 패턴을 적용할 수 있습니다. 카메라를 통해 자신의 감정을 새로운 방법으로 표현하려는 사람들을 위해 만들어진 애플리케이션입니다.

2) 적용된 AI 기술은 무엇인가요?

인공 신경망을 사용하는 AI가 뭉크나 피카소와 같은 유명한 화가들의 화풍을 필터로 만들고, 평범한 사진에 그 필터를 적용시켜 현대적인 예술 작품으로 변환시킵니다.

3) 적용 가능 과목 및 관련 성취 기준은 무엇인가요?

[4미03-01] 다양한 분야의 미술 작품과 미술가들에 관심을 가질 수 있다.

[4미03-03] 미술 작품에 대한 자신의 느낌과 생각을 발표하고, 그 이유를 설명할 수 있다.

[6미01-04] 이미지를 활용하여 자신의 느낌과 생각을 전달할 수 있다.

[6체04-07] 주제 표현 활동을 하는 데 필요한 다양한 표현 방법을 바탕으로 개인 또는 모둠별로 작품을 창의적으로 구성하여 발표하고 이를 감상한다.

4) 비슷한 애플리케이션은요?

인공지능 그림왕, 구글 아트 앤 컬처 – 아트 트랜스퍼

프로그램 사용법

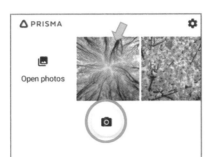

① 프리즈마 애플리케이션을 클릭하여 활성화 시키면 그림과 같이 내가 저장한 사진들을 바로 확인할 수 있습니다. 또한 카메라 모양을 클릭하여 저장된 사진 이외에 새로운 사진을 찍을 수도 있습니다.

② 원하는 사진 하나를 선택합니다.

③ 사진에 적용할 아트 필터를 선택하여 적용합니다. 그리고 필터를 항목별로 조정할 수 있습니다.

④
[필터 항목]
Contrast : 밝고 어두운 정도를 조절.
Brightness: 사진 전체 밝기를 조절.
Saturation: 채도 조절.
Sharpen: 선명도 조절.
Highlights: 밝은 부분을 더 밝게.
Shadows: 어두운 부분을 더 어둡게.

⑤ 저장 버튼(save)을 누르면 내 사진첩에 새로운 사진이 저장됩니다.
아트 필터가 적용된 새로운 사진을 친구들에게 공유하려면 공유 버튼을 누르면 됩니다.

라이브러리
— 더 많은 아트 필터를 추가할 수 있습니다. 자물쇠 모양이 그려진 필터는 유료 결제를 해야 합니다.

[추천 필터 모음]

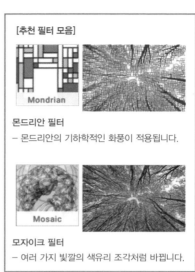

몬드리안 필터
— 몬드리안의 기하학적인 화풍이 적용됩니다.

모자이크 필터
— 여러 가지 빛깔의 색유리 조각처럼 바뀝니다.

[추천 필터 모음]

컬리 헤어 필터
— 스케치 형태로 사진이 변환됩니다.

리뉴얼 필터
— 정물화 느낌이 나는 필터가 적용됩니다.

[기타 추천 필터]

❍➀➀ 수업 활용법

1) 수업에는 이렇게 활용해 보세요!

화풍은 화가가 그림을 그릴 때 나타나는 경향이나 특징입니다. 그림을 완성하면 화풍이 보이지만 새로운 그림을 그리지 않는 이상 새로운 화풍으로 바꿀 수 없습니다.

하지만 이 애플리케이션을 활용하면 하나의 작품을 다양한 화풍으로 바꿀 수 있습니다. 직접 찍은 하늘 사진도 몬드리안의 화풍으로 변화시킬 수 있고, 때로는 모자이크 방식의 화풍으로 바꿀 수 있습니다. AI 기술을 적용시켜 사진에 다양한 화풍을 입혀 보고, 마음에 드는 작품을 골라 우표로 만들어 기념하면 어떨까요? 이번 기회에 AI 우표를 수집하여 보시기 바랍니다.

2) 교수＊학습 자료

a. **자료**: 프리즈마 애플리케이션

b. **성격**: 사진을 유화, 수채화, 만화, 스케치 등 다양한 화풍으로 바꿔 주는 AI 애플리케이션

스마트 활용 수업안

학습 흐름	교수-학습 활동	시간 (분)	기타 자료 및 유의점
문제 제기	◆ **동기 유발** • 다양한 우표 사진을 보며, 우표의 용도에 대해 이야기해 봅시다. * 우편 제도의 기원 로마 시대에는 도로에 일정한 간격으로 세운 나무 기둥(post)에 편지를 두어 전달하였는데, 이것이 우편 제도의 기원입니다. 이후 산업혁명 시대에 기차가 생겨나면서 우편 제도가 대중화되었습니다.		
학습 문제 제시	◆ **학습 문제 제시** AI 애플리케이션 프리즈마를 이용하여 다양한 종류의 우표를 만들어 봅시다.		
전개	◆ **학습 활동 안내** 〈활동1〉 김홍도 프로젝트란? 〈활동2〉 주제와 방법을 정해서 사진 찍기 〈활동3〉 AI 애플리케이션으로 사진의 화풍을 변환하여 우표 만들기 〈활동1〉 김홍도 프로젝트란? • 김홍도 프로젝트로 만들어진 작품을 보며 김홍도 프로젝트에 대해 알아봅시다.		

2018년 우정사업본부에서 〈2018 대한민국 우표디자인 공모 대전〉을 열었습니다. 당시 새롭게 AI 디자인 부문을 만들었습니다.

AI 부문에 응모한 사람은 한국의 멋을 담아낸 그림을 그리고 AI 소프트웨어를 이용하여 김홍도의 화풍으로 변환한 작품을 출품하였습니다.

지금도 포털사이트에서 〈유유자적으로 가는 길〉로 검색하면 원본과 변환본을 같이 볼 수 있습니다.

〈활동2〉 주제와 방법을 정해서 사진 찍기
• 주제와 방법을 정해서 사진을 찍어 봅시다.

1. 주제: 학교 생활, 친구, 우리집, 내가 좋아하는 것, 날씨, 계절 등
2. 방법: 렌즈 애플리케이션을 이용해서 찍기, 구도를 다르게 하여 찍기

전개

〈활동3〉 AI 애플리케이션으로 사진의 화풍을 변환하여 우표 만들기
• 찍은 사진을 AI 애플리케이션을 이용하여 다양한 화풍으로 변환시켜 봅시다.

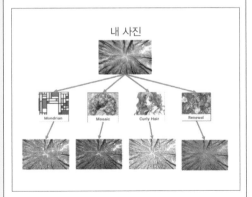

• 다양한 아트 필터를 적용하여 가장 마음에 드는 화풍의 그림을 선택하고 저장해 봅시다.

전개	* 수업 팁 아트 필터를 적용할 때는 적용 강도를 조절할 수 있습니다. 화면을 터치한 채 위로 스크롤 하면 적용 강도를 높이고, 아래로 스크롤 하면 적용 강도를 낮출 수 있습니다.		
결론	◆ **학습 내용 정리 및 다음 차시 예고** • 오늘 배운 내용은 무엇인가요? 　– 우표란 무엇인지를 배우고, AI 애플리케이션을 활용하여 우표를 만들어 보았습니다. • 다음 시간에는 우표를 붙이는 편지 봉투를 만들어 보겠습니다.		

나만의 우표 만들기

미술	나만의 우표 만들기	이름
	그림의 형식을 변환시켜 다양한 우표를 만들어 봅시다.	

1. 나만의 우표를 만들어 봅시다.

2. 나만의 우표의 주제를 적어 봅시다.

우표의 주제 :

이유 :

3. 오늘 수업을 정리하여 봅시다.

질문	답
1. 내가 찍은 사진의 주제는?	
2. 사진을 찍은 방법은?	
3. 내가 사용한 AI 애플리케이션의 이름은?	
4. 내가 사용한 AI 아트 필터의 이름은?	
5. 자신의 우표에 이름을 지어 봅시다.	
6. 우표를 사용하여 어떤 편지를 쓰고 싶은가요?	
7. AI 우표를 만들어 보면서 느낀 점을 적어 봅시다.	
8. 앞으로 어떤 우표를 더 만들고 싶은가요?	

03 **Google Arts & Culture**
(구글 아트 앤 컬처)

＊ 준비물: 웹 사이트

⌒⌒⌒ '구글 아트 앤 컬처'란 무엇인가요?

1) 어떤 애플리케이션인가요?

구글 아트 앤 컬처–아트 프로젝트는 예술 작품이 실제 크기로 어떻게 보이는지 알려 주는 웹 서비스입니다. 전 세계 80개 국가의 2천여 장소에서 전시 및 보관 중인 문화 예술품을 볼 수 있습니다. 이 웹 서비스는 사람들을 위해 세계의 예술과 문화를 온라인으로 제공하기 위해 만들어졌습니다.

2) 적용된 AI 기술은 무엇인가요?

구글 아트 앤 컬처 – 아트 프로젝트에는 증강 현실이라는 기술이 적용되었습니다. 예술관에 있는 전시품을 직접 가서 보는 것처럼 스마트폰만 있으면 실제 크기로 작품을 감상할 수 있습니다.

3) 적용 가능 과목 및 관련 성취 기준은 무엇인가요?

[4미03–01]　다양한 분야의 미술 작품과 미술가들에 관심을 가질 수 있다.

[4미03–03]　미술 작품에 대한 자신의 느낌과 생각을 발표하고, 그 이유를 설명할 수 있다.

[6미01–04]　이미지를 활용하여 자신의 느낌과 생각을 전달할 수 있다.

4) 비슷한 애플리케이션은요?

서커스AR, DEVAR

프로그램 사용법

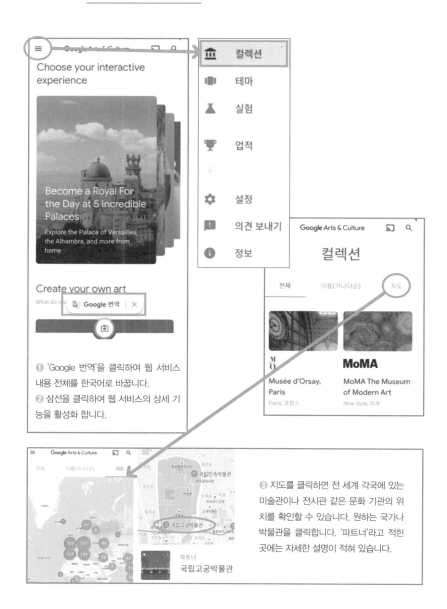

① 'Google 번역'을 클릭하여 웹 서비스 내용 전체를 한국어로 바꿉니다.

② 삼선을 클릭하여 웹 서비스의 상세 기능을 활성화 합니다.

③ 지도를 클릭하면 전 세계 각국에 있는 미술관이나 전시관 같은 문화 기관의 위치를 확인할 수 있습니다. 원하는 국가나 박물관을 클릭합니다. '파트너'라고 적힌 곳에는 자세한 설명이 적혀 있습니다.

국립고궁박물관
National Palace Museum of Korea

국립고궁박물관
대한민국

국립고궁박물관을 찾아주신 여러분 반갑습니다. 우리 박물관은 조선왕실 전문 박물관입니다. 우리 박물관은 조선왕실과 관련된 유물을 수집, 보존, 연구, 전시함으로써 조선왕실의 문화를 알리고 보존하는 것을 임무로 하는 조선왕실 전문 박물관입니다. 이와 더불어 경복궁 내에 위치하는 도심의 문화공간 역할도 자임하고 있습니다. 박물관 수장고에 보관된 약 45,000점의 유물과 더불어 경복궁과 창덕궁을 비롯한 고궁과 서울 경기 등지에 산재한 조선왕릉 이야기가 여러분을 기다리고 있습니다. 국립고궁박물관은 항상 관람객의 입장에서 문화에 대한 욕구를 충족시켜 드리려고 준비하고 있습니다. 가끔은 박물관 로비나 앞마당에서 전통공연도 열고 있습니다. 부디 자주 오셔서 감상하시고, 느끼시고, 즐기시기 바랍니다.

경복궁 외에도 창덕궁, 종묘, 조선왕릉전시관, 덕수궁, 창경궁, 경희궁, 국립고궁박물관 등 아홉 개의 박물관 뷰를 감상할 수 있습니다.

증강 현실 기술을 통해 경복궁을 스마트폰으로 볼 수 있습니다. 이때 스마트폰을 좌우나 위아래로 움직이면 경복궁의 전체 모습을 살펴볼 수 있습니다.

현재 컬렉션   모두 보기

조각
항목 764개

조각
항목 758개

반지
항목 3개

꽃병
항목 3개

문정왕후
항목 3개

Antique car
항목 3개

평장군
항목 3개

메달
항목 3개

Classic car
항목 3개

전라도
항목 3개

결정
항목 3개

컬렉션에 있는 작품은 확대, 증강 현실, 스트리트 뷰(실제로 걸어 다니면서 보는 관람자의 시선으로 작품을 보는 것)로 감상할 수 있습니다.

카메라로 바닥을 가리키고 원 모양으로 움직여 예술작품을 스탠드에 놓으세요.

❶ 바닥에 대고 폰을 둥글게 천천히 돌립니다.

예술작품을 탭하거나 강조표시된 영역으로 드래그하세요.

❷ 작품을 드래그 하여 하얀 원으로 옮깁니다.

❸ 인공지능의 증강 현실 기술을 통해 내 방에 고종 황제의 어진(임금의 초상화)이 설치되었습니다.
그 밖의 다른 작품들도 설치할 수 있습니다.

수업 활용법

1) 수업에는 이렇게 활용해 보세요!

학예 연구사처럼 작품을 수집하거나 전시 해설사처럼 작품을 해설하려면 그 작품이 있는 곳으로 직접 가는 방법이 가장 좋습니다. 그런 이유로 현장 체험 학습을 통해 전시관이나 미술관을 방문합니다.

하지만 매번 미술 수업이 있을 때마다 방문할 수는 없죠. 그래서 요즘은 미술관들도 증강 현실 기술을 이용하여 직접 방문하지 못해도 실제로 관람하는 것과 유사한 관람 서비스를 제공합니다.

이 웹 서비스는 다른 나라의 유명 미술관에서 전시 및 보관 중인 작품들을 실재하는 전시실로 들어가 볼 수 있도록 해 주고, 그 작품을 눈앞에서 보는 것 같은 착각을 불러 일으킵니다. 인터넷에서 찾은 작품 사진보다 훨씬 입체적인 관람을 가능하게 합니다.

2) 교수＊학습 자료

a. **자료**: 구글 아트 앤 컬처 – 아트 웹 사이트
b. **성격**: 증강 현실 기술을 이용해 예술 작품을 실제 크기로 보여 주는 웹 서비스

⚬⌒⌒◦ 스마트 활용 수업안

학습 흐름	교수-학습 활동	시간 (분)	기타 자료 및 유의점
문제 제기	◆ **동기 유발** • 미술관에 가 봤던 경험에 대해 이야기 나누어 봅시다. • 미술관에 있는 다양한 직업에 대해 알아봅시다. * 미술관에 있는 다양한 직업 1. 전시 해설사 2. 학예 연구사 3. 전시 기술자 4. 복원 기술자		
학습 문제 제시	◆ **학습 문제 제시** 구글 아트 앤 컬처-아트 프로젝트를 이용하여 학예 연구사와 전시 해설사가 되어 자신이 선택한 작품을 소개해 봅시다.		
전개	◆ **학습 활동 안내** 〈활동1〉 학예 연구사 되기 〈활동2〉 전시 해설사 준비하기 〈활동3〉 작품 감상하기 〈활동1〉 학예 연구사 되기 • 학예 연구사는 무슨 일을 하는 사람인지 알아봅시다. * 학예 연구사 작품의 가치를 매기고 수집하여 전시를 기획하는 사람		

전개	• 구글 아트 앤 컬처 – 아트 프로젝트에서 가상 현실을 실행하여 자신이 원하는 나라의 미술관을 견학해 봅시다. • 학예 연구사가 되어 여러 미술관에서 소장 중인 작품의 가치를 매기고 수집해 봅시다. ＊세계의 유명한 미술관 1. 프랑스 파리의 오르세 미술관 2. 미국 뉴욕의 현대미술관 3. 네덜란드 암스테르담의 반 고흐 미술관 4. 스페인 마드리드의 프라도 미술관 5. 미국 워싱턴의 국립미술관 ＊수업 팁 웹 사이트 실행 〉 컬렉션 〉 지도 에서 직접 국가와 미술관을 고르는 것을 추천합니다. 〈활동2〉 전시 해설사 준비하기 • 전시 해설사가 하는 일에 대해 알아봅시다. ＊전시 해설사 전시장을 방문한 관람객들에게 전시장 안내와 작품 설명을 해 주는 사람 • 전시 해설사가 되어 직접 고른 작품을 증강 현실 기술을 통해 전시하고 작품 설명을 찾아 적어 봅시다. 〈활동3〉 작품 감상하기 • "둘 남고 둘 가기" 방법을 이용하여 역할을 바꾸어 가며 서로의 작품을 전시 해설사의 해설과 함께 감상해 봅시다. ＊수업 팁 둘 남고 둘 가기: 모둠원의 절반이 서로 다른 역할을 수행하고, 일정 시간이 지나면 서로의 역할을 바꿔서 실행하는 방법입니다.		

전개	• 작품을 감상할 때 지켜야 할 감상 예절에 대해 알아봅시다. ※ 감상 예절 1. 질서와 예의 지키기 2. 가장 기억에 남는 작품을 다시 한 번 꼼꼼하게 보기 3. 관람한 내용을 정리하기		
결론	◆ **학습 내용 정리 및 다음 차시 예고** • 오늘 배운 내용은 무엇인가요? 　– 증강 현실 기술을 이용하는 웹 서비스를 통해 학예 연구사와 전시 해설사가 되어 활동해 보았습니다. • 다음 시간에는 예술가가 되어 작품을 만들어 보겠습니다.		

학예 연구사, 전시 해설사, 관람자 되기

미술	학예 연구사 되기	이름
	학예 연구사가 되어 자신만의 작품을 수집해 봅시다.	

1. 어느 나라의 미술관 작품을 수집하겠습니까?

	[유명한 미술관 예시]
1. 프랑스 파리에 있는 오르세 미술관의 작품을 수집하겠습니다. 2. 미국 뉴욕에 있는 현대미술관의 작품을 수집하겠습니다.	1. 프랑스 파리의 오르세 미술관 2. 미국 뉴욕의 현대미술관 3. 네덜란드 암스테르담의 반 고흐 미술관 4. 스페인 마드리드의 프라도 미술관 5. 미국 워싱턴의 국립미술관

2. 어떤 작품을 수집하여 전시하고 싶습니까?

1. 프랑스 화가 장 프랑수아 밀레의 1857년 작품 〈이삭 줍기(Gleaners)〉를 전시하고 싶습니다.
2. 네덜란드 화가 빈센트 반 고흐의 1889년 작품 〈별이 빛나는 밤(The Starry Night)〉을 전시하고 싶습니다.

3. 작품을 선택한 이유가 있습니까?

1. 추수가 끝난 들판, 이삭을 줍고 있는 세 여인의 손길에서 절박함이 느껴집니다. 그리고 이삭을 줍는 세 여인의 표정은 굳어 있고, 허리에 올린 여인의 손에서 노동의 고됨이 느껴집니다. 이러한 점에 마음이 아파서 작품을 골랐습니다.
2. 태양이 지고 짙은 어둠이 깔리면 깜깜한 세상만 있는 줄 알았습니다. 하지만 저 멀리 보이는 집들 위로 달과 별들이 떠오른, 잔잔하고 아름다운 세상이 있다는 점을 알게 해 주는 그림입니다. 그래서 이 작품을 선택하게 되었습니다.

미술	전시 해설사 되기	이름
	전시 해설사가 되어 자신의 작품을 설명해 봅시다.	

1. 작품의 작가는 누구입니까? / 실제 작품은 어디에 보관되어 있나요?

〈별이 빛나는 밤〉은 네덜란드 화가 빈센트 반 고흐의 1889년 작품입니다. 미국 뉴욕에 있는 현대미술관에 있습니다.

2. 작품의 특징(재료, 소재, 선·형·색의 특징, 주제 및 제작 의도, 스토리)을 설명해 주세요. 지식 백과에서 찾아도 되지만, 자신이 이해한 말로 요약해서 적도록 합니다.

1. **재료 및 도구:** 유화 – 물감을 희석하는 데 기름을 사용합니다. 말리는 데 시간이 오래 걸리지만 작품의 채색을 고치기 쉬운 방법입니다.
2. **소재:** 시골 마을의 밤하늘
3. **선·형·색의 특징:** 시골 마을의 집들은 직선으로 평행하게 그려져 있어서 평온한 저녁 풍경이 생각납니다. 이에 반해 밤하늘의 달빛과 별빛은 짧은 선들이 이어져 곡선의 파도처럼 생동감 있는 움직임이 느껴집니다.
4. **주제 및 제작 의도:** 빈센트 반 고흐의 밤하늘은 무한함을 표현하고, 그림 속의 소용돌이는 정신 장애로 인한 고통을 떠오르게 합니다.
5. **스토리:** 반 고흐는 고갱과 다투면서 귀를 다치게 되었습니다. 그 후에 생 레미라는 지역의 요양원에서 지냈는데, 그곳의 창문에서 바라본 마을의 밤 풍경을 그린 그림이라고 합니다.
   실제로 동생 테오에게 쓴 편지에서 반 고흐는 "오늘 아침 나는 해가 뜨기 한참 전에 창문을 통해 아무것도 없고 아주 커 보이는 샛별밖에 없는 시골을 보았다."고 합니다. 이 작품에 대한 설명과 일치하는 것 같습니다. 천문학자들은 이 작품 속 별들이 실제 밤하늘의 별들이라고 합니다. 달, 금성, 양자리의 별들이 그림의 위치처럼 뜬다고 합니다.

미술	관람자 되기	이름
	관람을 할 때 알아야 할 내용에 대해 알아봅시다.	

1. 가장 마음에 드는 작품은 무엇인가요? (작가, 언제, 어디서)

〈별이 빛나는 밤〉이 가장 마음에 듭니다. 작가는 빈센트 반 고흐이고, 1889년에 그렸습니다. 미국 뉴욕의 현대미술관에 있습니다.

2. 작가는 무엇을 표현하고 싶었나요? (주제, 도구, 그린 방식, 다른 작품)

_____

_____

3. 인상 깊은 이유(경험과 관련 짓기 – 책, 영화, 여행, 상상)를 적어 보세요.

_____

_____

4. 미술관을 관람하면서 느낀 점은 무엇인가요?

AI 애플리케이션을 사용하여 다른 나라의 미술관들을 견학할 수 있어서 신기했습니다. 그리고 다른 친구들이 증강 현실을 통해 작품들을 실제로 보는 것이 재미있었습니다. 경복궁 고궁박물관에 있는 임금님의 초상 작품과 미국 뉴욕의 현대미술관에 있는 반고흐의 작품이 우리반 교실에 같이 전시되는 것은 즐거운 경험이었습니다. 스마트폰 카메라로 보긴 했지만 실제 크기의 작품을 보니 더 실감이 났고, 작품과 작가에 대한 정보에도 더 집중할 수 있었습니다.

04 **잇셀프**

---

* 준비물: 애플리케이션 다운로드 및 회원 가입

안드로이드
애플리케이션

'잇셀프'란 무엇인가요?

1) 어떤 애플리케이션인가요?

원하는 캐릭터를 골라 얼굴을 꾸미고, 배경과 소품 등을 선택하여
상황에 맞는 캐릭터 모습과 장면을 연출할 수 있습니다. 사용자 누구
나 쉽게 웹툰을 제작하고 공유하는 플랫폼입니다.

2) 적용된 AI 기술은 무엇인가요?

사용자의 이미지와 감정을 생생하게 전달할 수 있는 이모지 기술과 대화의 내용이나 캐릭터가 처한 상황에 맞는 장면을 가지고 오는 빅데이터 기술이 활용되었습니다.

3) 적용 가능 과목 및 관련 성취 기준은 무엇인가요?

[2즐03-04]   가족 구성원이 하는 역할에 대해 놀이를 한다.

[4미01-04]   미술을 자신의 생활과 관련지을 수 있다.

[6미01-04]   이미지를 활용하여 자신의 느낌과 생각을 전달할 수 있다.

4) 비슷한 애플리케이션은요?

실사웹툰만들기, Logo Maker

프로그램 사용법

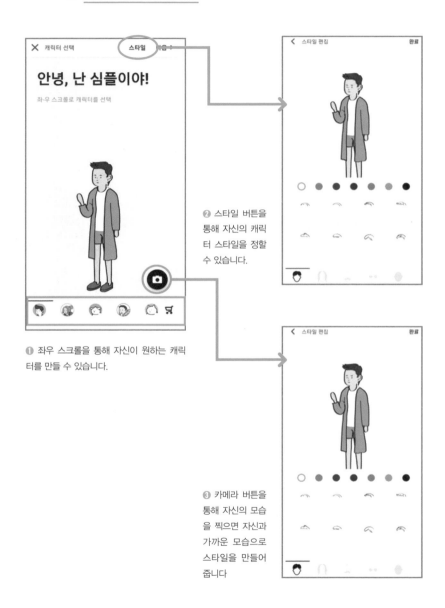

❷ 스타일 버튼을 통해 자신의 캐릭터 스타일을 정할 수 있습니다.

❶ 좌우 스크롤을 통해 자신이 원하는 캐릭터를 만들 수 있습니다.

❸ 카메라 버튼을 통해 자신의 모습을 찍으면 자신과 가까운 모습으로 스타일을 만들어 줍니다

④ 자신의 상황에 맞는 대화를 넣고 배경, 소품 그리고 추가로 자신이 원하는 그림을 그립니다.

⑤ 대화의 내용에 따라 AI 적용 버튼을 누르면 모습이 대화에 맞게 바뀝니다.

수업 활용법

1) 수업에는 이렇게 활용해 보세요!

'나만의 캐릭터 만들기' 수업 준비는 비교적 쉬울 수 있습니다. 하지만 실제 활동은 그렇지 않을 가능성이 높습니다. 그림에 자신감이 없는 학생들이 많을 수 있고, 무엇부터 시작할지 몰라 망설이는 경우도 있기 때문입니다.

이럴 때 이 애플리케이션은 많은 도움이 될 것입니다. 사용자의 사진으로 사용자와 가장 가까운 모습의 스타일을 만들어 줍니다. 이에 더하여 배경과 소품을 추가한 후 대화를 입력하면 대화 내용에 맞게 행동하는 모습으로 바뀝니다.

이 애플리케이션을 활용하여 나만의 캐릭터 만들기 수업을 한다면 좀 더 활동적인 수업이 되지 않을까요? 아이디어를 추가하면 학생들 각자의 캐릭터를 활용한 역할 놀이도 가능할 것입니다.

2) 교수*학습 자료

a. **자료**: 잇셀프 애플리케이션

b. **성격**: 이모지 기술과 빅데이터를 이용하여 상황에 맞는 모습과 장면을 연출하여, 보다 쉽게 웹툰을 제작하고 공유하는 애플리케이션

⌁ 스마트 활용 수업안

학습 흐름	교수-학습 활동	시간 (분)	기타 자료 및 유의점
문제 제기	◆ **동기 유발** • 다양한 사람들의 필명에 대해 알아보고 이야기를 나눕시다. • 필명을 만들 때 어떤 의미를 부여하는지에 대해 알아봅시다.		
학습 문제 제시	◆ **학습 문제 제시** 자신의 특징을 찾아 자신만의 캐릭터를 만들어 봅시다.		
전개	◆ **학습 활동 안내** 〈활동1〉 자신의 특징 찾기 〈활동2〉 캐릭터를 종이에 그려 보기 〈활동3〉 애플리케이션을 이용해서 만든 캐릭터와 자신이 만든 캐릭터 비교해 보기 **〈활동1〉 자신의 특징 찾기** • 자신의 특징을 찾아 봅시다. • 내가 생각하는 나는 어떤 특징이 제일 먼저 떠오르는지 생각해 봅시다. • 자신을 대표할 수 있는 단어는 무엇인지 생각해 봅시다.		
	〈활동1〉 캐릭터를 종이에 그려 보기 • 나만의 캐릭터를 종이에 그려 봅시다. • 내가 가진 특징이 잘 나타났는지 생각해 봅시다.		

전개	〈활동3〉 애플리케이션을 이용해서 만든 캐릭터와 자신이 만든 캐릭터 비교해 보기 • 잇셀프 애플리케이션을 이용해서 나만의 캐릭터 를 만들어 봅시다. • 내가 만든 캐릭터와 내가 그린 캐릭터의 차이를 비교해 봅시다. • 내가 생각하는 나의 특징과 애플리케이션 속에 있는 나의 특징을 비교해 봅시다.		

결론	◆ **학습 내용 정리 및 다음 차시 예고**
	• 오늘 배운 내용은 무엇인가요?
	  – 잇셀프 애플리케이션을 이용해 나만의 캐릭터
	   를 만들어 보았습니다.
	• 다음 시간에는 일상의 모습을 만화로 만들어 보
	겠습니다.		

나만의 캐릭터 만들기

미술	나만의 캐릭터 만들기	이름
	나의 특징을 이해하여 나만의 캐릭터를 만들어 봅시다.	

1. 캐릭터란 무엇인가요?

---
* 캐릭터: character [명사]
1. 소설이나 연극 따위에 등장하는 인물. 또는 작품 내용 속에서 드러나는
   인물의 개성과 이미지.
2. 소설, 만화, 극 따위에 등장하는 독특한 인물이나 동물의 모습을 디자인
   에 도입한 것. 장난감이나 문구, 아동용 의류 따위에 많이 쓴다.
---

2. 나는 누구인가요?

_____

_____

_____

3. 나를 대표할 수 있는 단어는 무엇인가요?

4. 나만의 캐릭터를 그려 봅시다.

Instendly(인스탠들리)

* 준비물: 애플리케이션 다운로드 및 회원 가입

안드로이드
애플리케이션

'인스탠들리'란 무엇인가요?

1) 어떤 애플리케이션인가요?

사진작가는 마음에 드는 최고의 사진을 찍기 위해 비슷한 사진을 수십, 수백 장 찍습니다. 이렇게 찍은 사진을 누군가 대신 골라 준다면 어떨까요? 이 애플리케이션은 수십 장의 사진 중에서 하나의 사진을 고를 때 드는 수고를 덜어 줍니다.

2) 적용된 AI 기술은 무엇인가요?

수십 장의 비슷한 사진 중에 사용자가 가장 선호할 만한 사진을 골라 추천해 줄 때 머신러닝 기술이 적용됩니다. 정답을 미리 알려 주지 않아도 평소 사용자가 최종 선택하는 사진의 패턴을 분석하여, 가장 좋아할 만한 사진을 고릅니다.

3) 적용 가능 과목 및 관련 성취 기준은 무엇인가요?

[4미01-01]   자연물과 인공물을 탐색하는 데 다양한 감각을 활용할 수 있다.

[6미01-02]   대상이나 현상에서 시각적 특징을 발견할 수 있다.

[6미01-05]   미술 활동에 타 교과의 내용, 방법 등을 활용할 수 있다.

4) 비슷한 애플리케이션은요?

Fast Burst Camera Lite

프로그램 사용법

 ❶ 스마트폰에 있는 전면 카메라와 후면 카메라를 선택할 수 있습니다.

 ❷ 버튼을 누른 채 기다리면 수십 장을 찍습니다.

· 카메라를 움직여 주변 환경을 연속으로 촬영하는 것을 추천합니다!

❸ 사진 촬영이 끝나면 모든 사진을 차례대로 분석하기 시작합니다.

❹ 사용자가 가장 선호할 만한 사진 4장을 남겨둡니다. 그리고 나머지 사진은 자동으로 삭제됩니다.

 사용자는 남은 4장의 사진 중에서도 원하지 않는 사진이 있다면 'X' 버튼을 눌러 제거할 수 있습니다.

∘⌒∘ 수업 활용법

1) 수업에는 이렇게 활용해 보세요!

스마트폰을 사용하는 우리는 마음에 드는 사진을 찍기 위해 같은 장면을 수십 장씩 찍기도 합니다. 하지만 뒤따르는 불편이 존재합니다. 최고의 사진을 뽑기 위해 고민을 한 뒤 괜찮은 사진은 남기고 나머지 사진은 삭제하는 과정을 거쳐야 합니다..

이 애플리케이션은 사용자가 좋아할 만한 사진을 추천해 주고, 나머지 비슷한 사진은 지워 줍니다. 일상 활동에 깊숙이 들어와 있는 이런 AI 기술을 활용하여 사진 전시회를 열어 보면 어떨까요? 벚꽃이 흐드러지게 핀 봄날이나 예쁘게 물든 단풍잎을 볼 수 있는 가을날, 우리반 사진 전시회를 열어 다른 반 친구들을 초대해 보세요!

2) 교수＊학습 자료

a. **자료**: 인스탠들리 애플리케이션

b. **성격**: 머신러닝의 기술을 사용하여 수십 장의 사진들 속에서 가장 좋아할 만한 사진을 찾아 주는 애플리케이션

⌒⌒⌒ 스마트 활용 수업안

학습 흐름	교수-학습 활동	시간 (분)	기타 자료 및 유의점
문제 제기	◆ **동기 유발** • 구도가 맞지 않은 사진들을 보며 무엇이 잘못되었는지 이야기해 봅시다.		
학습 문제 제시	◆ **학습 문제 제시** 인스탠들리 애플리케이션을 이용하여 사진의 구도에 대해 이해할 수 있습니다.		
전개	◆ **학습 활동 안내** 〈활동1〉 사진의 구도에 대해 알아보기 〈활동2〉 인스탠들리 애플리케이션을 이용해 사진 촬영하기 〈활동3〉 사진 전시회 하기 〈활동1〉 **사진의 구도에 대해 알아보기** • 사진의 구도에 대해 이야기해 봅시다. • 사진의 구도가 맞지 않으면 어떤 느낌이 드는지 이야기 나누어 봅시다. <table><tr><td colspan="3" align="center">사진 예시</td></tr><tr><td></td><td>수평이 맞지 않는 사진과 수평이 맞는 사진</td><td></td></tr></table>		

	 하이 앵글 / 아이레벨 앵글 / 로우 앵글 앵글에 따른 사진의 차이 배치에 따른 사진의 차이		
전개	**〈활동2〉 인스탠들리 애플리케이션을 이용해 사진 촬영하기** • 애플리케이션을 활용하여 다양한 구도에서 사진을 촬영해 봅시다. • 애플리케이션이 선택해 준 사진 중 가장 구도가 잘 맞는 사진과 애플리케이션 없이 찍은 사진을 비교해 봅시다. • 내가 느낀 모습이 사진에 잘 드러났는지 생각하며 오늘의 '베스트 포토'를 뽑아 봅시다.		
	〈활동3〉 사진 전시회 하기 • 친구들과 서로 찍은 사진을 비교해 봅시다. • 어떤 사진이 애플리케이션을 이용해 찍은 사진인지 맞춰 봅시다. • 애플리케이션을 통해 찍은 사진과 그냥 찍은 사진 중 어떤 사진이 더 좋은 평가를 받았는지 비교해 봅시다.		
결론	◆ **학습 내용 정리 및 다음 차시 예고** • 오늘 배운 내용은 무엇인가요? − 사진 구도에 대해 이해하고 사진을 비교해 보았습니다. • 다음 시간에는 사진을 확대 및 축소하는 방법에 대해 알아보겠습니다.		

감상 방명록

미술	감상 방명록	이름
	다른 사람의 작품을 감상한 뒤 짧은 감상과 평가를 남겨 봅시다.	

작가의 말 :

이름	한 줄 감상평	별점

엔비디아 고갱

＊ 준비물: 웹 사이트

⌒⌒ '엔비디아 고갱'이란 무엇인가요?

1) 어떤 애플리케이션인가요?

간단한 스케치를 하면 사진과 같은 사실적인 배경으로 바꾸어 주는
웹 서비스입니다. 모양을 스케치한 후 나무, 바위 등 빈 공간을 채울 재
료를 선택하면 해당 사진으로 바뀝니다. 심지어 물을 선택하면 물에
비친 모습까지 표현할 수 있습니다.

●●●

2) 적용된 AI 기술은 무엇인가요?

GAN이라는 AI 기술은 두 개의 모델이 서로 경쟁하며 학습하는 개념으로, 마치 위조 지폐범과 경찰의 관계처럼 무한히 서로에게 영향을 줍니다. 사용자의 간단한 그림은 실제 사진이 아니지만 실제 사진 같은 이미지를 만들어 내는 데 이 기술이 적용됩니다.

3) 적용 가능 과목 및 관련 성취 기준은 무엇인가요?

[4미01-01]   자연물과 인공물을 탐색하는 데 다양한 감각을 활용할 수 있다.

[6미01-02]   대상이나 현상에서 시각적 특징을 발견할 수 있다.

[6미01-05]   미술 활동에 타 교과의 내용, 방법 등을 활용할 수 있다.

프로그램 사용법

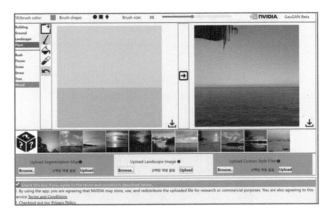

❶ 엔비디아 고갱을 이용하기 위해서는 엔비디아가 제시하는 이용 약관에 동의해야
합니다.

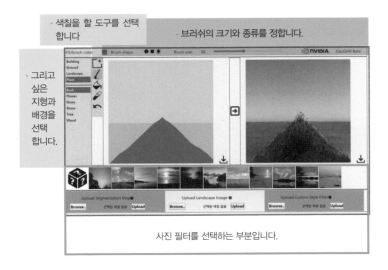

・색칠을 할 도구를 선택
합니다

・브러쉬의 크기와 종류를 정합니다.

・그리고
싶은
지형과
배경을
선택
합니다.

사진 필터를 선택하는 부분입니다.

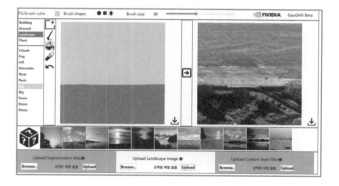

❷ 그림을 그린 뒤 변환 버튼을 누르면 배경으로 변환되어 표시됩니다.

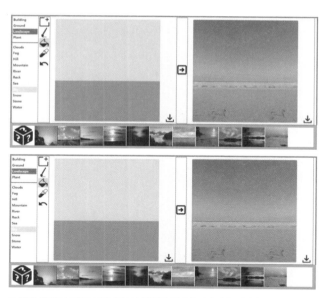

❸ 같은 색으로 그림을 그리더라도 아래쪽의 필터에 따라 다른 결과가 나올 수 있습니다.

수업 활용법

1) 수업에는 이렇게 활용해 보세요!

미술 작품을 그리고 나서 배경을 무엇으로 할지 고민하는 학생들을 자주 목격합니다. 혹은 단색으로 칠하거나 배경을 정하지 못해 여백으로 비워 두는 경우도 있습니다. 이 애플리케이션은 원하는 색상을 선택하면 그에 어울리는 배경으로 변환시켜 줍니다. 그리고 같은 색이라도 필터에 따라 다른 배경으로 바뀌기도 합니다. 배경에 대한 고민을 덜 수 있는 AI의 기술을 활용해 봅시다.

2) 교수＊학습 자료

a. **자료**: 엔비디아 고갱 웹 사이트

b. **성격**: 단순한 색의 나열을 이용해 배경을 만드는 웹 서비스

스마트 활용 수업안

학습 흐름	교수-학습 활동	시간 (분)	기타 자료 및 유의점
문제 제기	◆ **동기 유발** • 다양한 풍경 사진을 보며 눈에 보이는 색상에 대해 이야기 나누어 봅시다. • 색상이 가지고 있는 느낌에 대해 이야기 나누어 봅시다.		
학습 문제 제시	◆ **학습 문제 제시** 엔비디아 고갱 프로그램을 이용하여 다양한 색상의 배경을 만들 수 있습니다.		
전개	◆ **학습 활동 안내** 〈활동1〉 색상에 대해 알아보기 〈활동2〉 나만의 색으로 표현하기 〈활동3〉 엔비디아 고갱을 이용해서 내가 칠한 색으로 배경 만들기 〈활동1〉 **색상에 대해 알아보기** • 10색상환을 보며 색 이름에 대해 알아봅시다. • 색상이 가지고 있는 느낌에 대해 이야기 나누어 봅시다. • 여러 색을 혼합에서 만들어 본 경험에 대해 이야기 나누어 봅시다.		

전개	〈활동2〉 나만의 색으로 표현하기 • 화면에 보이는 두세 가지 색을 이용하여 종이에 칠해 봅시다. • 종이를 위아래 두 부분으로 먼저 나누어서 색칠한 뒤, 여러 부분으로 나누어서 칠해 봅시다. • 색과 연결되어 있는 구체물이 무엇인지 생각하며 색을 칠해 봅시다. * 엔비디아 애플리케이션 속의 가능한 색상들 * 각각의 색상이 지니는 의미를 설명해 주는 것이 필요합니다.		
	〈활동3〉 엔비디아 고갱을 이용해서 내가 칠한 색으로 배경 만들기 • 종이에 칠한 색을 엔비디아 고갱으로 옮겨 봅시다. • 변환하기 버튼을 통해 내가 칠한 그림이 어떤 배경으로 바뀌어 있는지 확인해 봅시다. • 여러 방법으로 색칠하며 가장 마음에 드는 배경을 찾아 봅시다.		
결론	◆ 학습 내용 정리 및 다음 차시 예고 • 오늘 배운 내용은 무엇인가요? 　– 색상 칠하기를 통해 배경을 그리는 방법에 대해 공부하였습니다. • 다음 시간에는 오늘 그린 배경을 수채화로 그려 보겠습니다.		

다양한 색으로 칠해 보기

미술	다양한 색으로 칠해 보기	이름
	색깔의 의미를 생각하며 여러 가지 색으로 칠해 봅시다.	

두 가지 색으로 칠해 보기

애플리케이션으로 변환한다면
어떤 그림이 나올까요?

두 가지 색으로 칠해 보기

애플리케이션으로 변환한다면
어떤 그림이 나올까요?

세 가지 색으로 칠해 보기

애플리케이션으로 변환한다면
어떤 그림이 나올까요?

네 가지 색으로 칠해 보기

애플리케이션으로 변환한다면
어떤 그림이 나올까요?

5장

체육 수업과 함께하는 AI 애플리케이션

- 라이크핏
- 어디아파

라이크핏

---

* 준비물: 애플리케이션 다운로드 및 회원 가입

 아이폰
애플리케이션

 안드로이드
애플리케이션

'라이크핏'이란 무엇인가요?

1) 어떤 애플리케이션인가요?

사용자의 운동시간과 운동량을 확인하고, 운동에 소요되는 칼로리 소모량을 계산해 줍니다. 이와 더불어 운동자세를 인식하여 올바른 자세로 교정해 줍니다.

이 애플리케이션은 운동 기구가 없어도 스마트폰만 있으면 언제 어디서나 혼자서 홈트레이닝을 할 수 있도록 만들어졌습니다.

2) 적용된 AI 기술은 무엇인가요?

카메라를 통해 보이는 사람의 동작을 정확하게 인식하고 가이드 해주는 동작 인식 기술이 적용되었습니다.

3) 적용 가능 과목 및 관련 성취 기준은 무엇인가요?

[4체01-02]   다양한 운동 수행을 통해 체력의 향상과 건강한 생활을 경험한다.

[4체01-06]   건강을 유지·증진하기 위한 체력 운동 및 여가 생활을 실천한다.

[6체01-02]   건강을 유지하기 위한 체력 운동을 선택하고 자신의 수준에 맞게 운동 계획을 세워 실천한다.

[6체01-05]   운동 능력을 향상시키기 위한 체력 운동을 선택하고 자신의 수준에 맞는 운동 계획을 세워 실천한다.

4) 비슷한 애플리케이션은요?

하우핏, 12PT

프로그램 사용법

① 전화번호 인증 후 회원 가입을 합니다.

라이크핏 단일 운동 리스트

다양한 운동을 연습하고, 스트레칭으로 지친 근육을 휴식시켜 주세요!

스쿼트   런지   스탠딩 사이드 크런치   스탠딩 레그 레이즈

② 운동 계획에 따라 오늘 실행할 운동을 골라 클릭합니다. 이후 콘텐츠를 다운로드 합니다. 스마트폰과 나와의 거리는 1.5m를 유지하고, 나의 전체 모습이 나와야 합니다.

모집중인 챌린지

설날 요요 극복하기

모집 기간: ~2월 24일

무료
참여일로부터 10일간 진행

기초코어 강화 챌린지

모집 기간: ~2월 17일

무료
참여일로부터 14일간 진행

③ 이 외에도 각종 챌린지에 도전할 수 있습니다.

🔵 수업 활용법

1) 수업에는 이렇게 활용해 보세요!

새로운 운동을 배울 때 사람들은 왜 단체 수업보다 개인 수업을 더 선호할까요? 그것은 익숙하지 않은 운동을 배울 때 개인에게 알맞은 수업을 진행할 수 있기 때문입니다. 운동 전문가가 옆에서 운동자세를 바르게 고쳐 주고, 꾸준한 운동을 하도록 독려해 준다면 얼마나 좋을까요?

이 애플리케이션은 사용자가 어디에 있든지 상관없이 운동하는 동안 바른 자세를 확인해서 알려 줍니다. 운동 계획을 세워 꾸준히 실천할 수 있도록 해 주고, 바른 자세로 운동하도록 도와줍니다. 따라서 학생들의 체력 증진에 필요한 기초 체력 수업이나 자신만의 운동 계획을 세워 실천할 때 활용하기 좋습니다.

2) 교수＊학습 자료

a. **자료**: 라이크핏 애플리케이션

b. **성격**: 애플리케이션 사용자의 운동시간과 운동량을 확인하고 운동에 소요되는 칼로리 소모량을 계산해 주는 AI 애플리케이션

스마트 활용 수업안

학습 흐름	교수-학습 활동	시간 (분)	기타 자료 및 유의점
문제 제기	◆ **동기 유발** • 체육 활동 시 일어날 수 있는 안전사고에 대한 영상을 봅니다. • 기초 체력이 부족할 경우 일어날 수 있는 안전사고에 대해 알아봅니다.		
학습 문제 제시	◆ **학습 문제 제시** AI 애플리케이션 라이크핏을 이용하여 운동이 체력에 미치는 영향을 알고 나에게 맞는 운동 계획을 세워 봅시다.		
전개	◆ **학습 활동 안내** 〈활동1〉 운동이 체력에 미치는 영향에 대해 알기 〈활동2〉 자신만의 운동 계획 세우기 〈활동3〉 AI 애플리케이션으로 내 모습을 확인하며 운동하기 〈활동1〉 **운동이 체력에 미치는 영향에 대해 알기** • 꾸준한 운동이 우리의 몸과 생활에 어떠한 영향을 주는지 알아봅시다. • 다양한 질병들이 체력이 부족할 때 온다는 사실에 대해 알아봅시다. • 체력이 부족해서 하지 못했던 활동들은 무엇이 있는지 생각해 봅시다.		

전개	〈활동2〉 자신만의 운동 계획 세우기 • 라이크핏 애플리케이션에 있는 운동 종류를 확인해 보고, 자신이 일주일에 3회 할 수 있는 운동의 양은 어느 정도인지 고려하며 계획을 세웁니다. • 무리한 운동보다는 지속적으로 가능한 운동 계획을 세울 수 있게 도와줍니다. • 모둠 단위의 계획을 세워 함께 실행하는 방법도 있음을 설명합니다.		
	〈활동3〉 AI 애플리케이션으로 내 모습을 확인하며 운동하기 • 라이크핏 애플리케이션을 활용하여 운동을 시작합니다. • 처음에는 영상 속 전문가의 바른 자세를 확인한 뒤, 애플리케이션의 기능을 이용하여 내 자세를 점검합니다. • 점검이 끝났다면 친구들과 서로의 자세 및 장·단점에 대해 이야기 합니다. • 운동량은 적당한지, 지속적으로 가능한 계획인지 평가를 내린 뒤 한 달 동안 실천합니다.		
결론	◆ 학습 내용 정리 및 다음 차시 예고 • 오늘 배운 내용은 무엇인가요? 　－ 운동 체력의 중요성과 운동 체력을 키울 수 있는 방법에 대해 공부하였습니다. • 다음 시간에는 자신의 운동 결과를 평가하는 시간을 가지겠습니다.		

운동 계획 세우기

체육	운동 계획 세우기	이름
	건강 체력을 기르기 위한 운동 계획을 세워 봅시다.	

1. 나의 생활을 스스로 점검해 봅시다.

구분	질문	대답
1	지난 일주일 동안 어떤 운동을 하였나요?	
2	나는 유연성이 좋은가요? 그 이유는 무엇인가요?	
3	나는 체력이 좋은 편입니까? 그 이유는 무엇인가요?	
4	팝스 종목 중 어려울 것 같은 것은 무엇인가요?	왕복 오래 달리기 /윗몸 말아 올리기 /악력 /제자리 멀리 뛰기 /앉아 윗몸 앞으로 굽히기
5	① 내가 길러야 할 체력 요소는 (심폐지구력 /유연성 /순발력 /근력·근지구력 /체지방)입니다. ② 왜냐하면 ( ) 때문입니다. ③ 나는 ( )을 늘리기 위해서 ( ), ( ), ( ) 운동을 실천하겠습니다.	

2. 라이크핏 애플리케이션을 참고하여 체력을 기르기 위한 운동 종류를 골라 꾸준히 실천할 수 있는 계획을 세워 봅시다.

운동 장소	실천 횟수	실천 기간
	주 ( )회	주

운동 날짜(월일)	운동 종류	운동 횟수	느낀 점
예시) 4월 1일	스쿼트	12개씩 3세트	2세트까지는 잘했지만 3세트에서 많이 힘들어서 6개만 하였다.
	핸즈업	10개씩 2세트	어깨가 많이 아팠지만 AI가 알려 주는 동작으로 바꾸니 어깨가 덜 아팠다.

3. 계획을 실천한 후 실천 내용에 표시해 봅시다.

평가내용	그렇다	보통	부족함
나의 체력에 맞는 적절한 운동이었나요?			
운동 계획표 대로 꾸준히 실천하였나요?			
실천한 운동이 체력을 기르는 데 도움이 되었나요?			
운동을 실천하면서 느낀 점과 배운 점은 무엇인가요?			

02 어디아파

* 준비물: 애플리케이션 다운로드 및 회원 가입

안드로이드
애플리케이션

'어디아파'란 무엇인가요?

1) 어떤 애플리케이션인가요?

'어디아파'는 사용자가 어떤 부위를 언제부터, 어디서, 어떻게 아팠는지를 입력하면 가장 가능성이 높은 병의 이름을 예측합니다. 그리고 근처 병원의 위치를 지도에 표시해 줍니다.

환자와 의료 기관의 장벽을 낮추는 혁신적인 서비스를 제공하고, 건강한 삶을 사는 데 도움을 주기 위해 만들어진 애플리케이션입니다.

2) 적용된 AI 기술은 무엇인가요?

고도화된 상담 알고리즘을 통해 접수된 데이터를 의사들이 가진 의학 정보 빅데이터에 적용하여 가장 유사한 형태의 질병을 예측합니다. 이것은 AI 트리 구조를 활용한 알고리즘으로, 트리 구조는 컴퓨터의 정보들이 나뭇가지들처럼 위아래의 계층적인 구조를 가진 것을 말합니다.

3) 적용 가능 과목 및 관련 성취 기준은 무엇인가요?

[2바01-02] 몸과 마음을 건강하게 유지한다.

[2즐05-04] 동네에서 볼 수 있는 직업과 관련하여 놀이를 한다.

[4사03-01] 지도의 기본 요소에 대한 이해를 바탕으로 하여 우리 지역 지도에 나타난 지리 정보를 실제 생활에 활용한다.

[6실04-08] 절차적 사고에 의한 문제 해결의 순서를 생각하고 적용한다.

4) 비슷한 애플리케이션은요?

굿닥, 똑독, 트로스트

프로그램 사용법

❶ SNS 간편 로그인을 통해 회원 가입 후 기본 정보를 입력합니다.

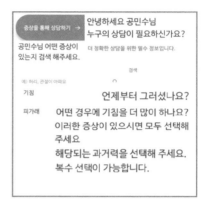

❷ '자신이 언제부터 아팠는지', '어디가 좋지 않은지'와 같은 다양한 질문에 성실히 답을 합니다. 모르면 모르겠다고 체크합니다.

❸ 모든 질문지에 대해 답변을 마치면 인공지능이 선택지를 분석하여 가장 가능성이 높은 질환을 예측하여 알려 줍니다.

❹ 가장 가능성이 있는 세 가지 병명을 알려 주고, 자신이 작성한 문진 차트 내용도 확인할 수 있습니다.

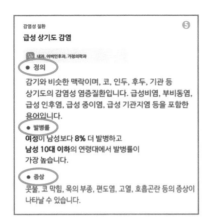

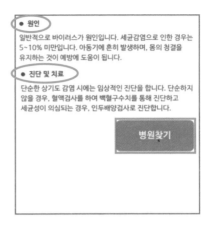

⑤ 가장 가능성이 높은 병명을 클릭하면 병의 뜻, 발병률, 증상, 원인, 진단 및 치료에 대해 안내해 줍니다. 모두 확인하였으면 병원 찾기를 클릭합니다.

⑥ 사용자가 있는 위치의 주변 병원을 자동으로 검색해서 알려 줍니다. 병원 필터를 클릭해 보겠습니다.

⑦ 검색된 병원의 개수가 너무 적거나 많으면, 진료과와 병원 규모를 조절합니다. 그리고 필터 적용을 누르면 지도상의 병원을 재검색합니다.

〰️ 수업 활용법

1) 수업에는 이렇게 활용해 보세요!

병원 체험 관련 수업을 해 보면, 청진기나 주사기 같은 모형을 이용하거나 약봉지를 만드는 활동을 많이 합니다. 이러한 준비물과 더불어 AI 의사를 활용하면 어떨까요?

아플 때 병원에 가면 의사 선생님은 어디가 아파서 왔는지 물어 봅니다. '언제부터 아팠는지', '기침을 얼마나 심하게 하는지', '콧물 색깔은 어떤지' 같은 여러 가지 질문을 통해 환자의 상태를 확인합니다. 이것을 '문진'이라고 합니다.

실제 생활에서도 이 애플리케이션을 활용하면 문진 과정을 거쳐 가장 가능성 높은 병명을 알려주고, 그 병을 치료할 수 있는 근처의 병원을 지도에 추천해 줍니다. AI가 얼마나 우리 생활 주변에 가까이 와 있고, 얼마나 적극적으로 활용할 수 있는지를 학생들과 함께 체험해 보시기 바랍니다.

2) 교수＊학습 자료

a. **자료**: 어디아파 애플리케이션

b. **성격**: 고도화된 알고리즘을 통해 접수된 데이터를 의사들이 가진 빅데이터에 적용하여 가장 유사한 형태의 질병을 예측하는 AI 애플리케이션

📡 스마트 활용 수업안

학습 흐름	교수-학습 활동	시간 (분)	기타 자료 및 유의점
문제 제기	◆ **동기 유발** • 병원에 가본 경험에 대해 이야기 나누어 봅시다. • 다양한 병원들에 대해 알아봅시다. * 다양한 진료과의 종류 내과, 이비인후과, 가정의학과, 신경과, 외과, 피부과, 산부인과, 안과, 영상의학과		
학습 문제 제시	◆ **학습 문제 제시** 어디아파 애플리케이션을 이용하여 증상에 맞는 병원을 선택하는 방법에 대해 알아봅시다.		
전개	◆ **학습 활동 안내** 〈활동1〉 병원에 가 본 경험 이야기하기 〈활동2〉 병원의 종류와 하는 일 알아보기 〈활동3〉 애플리케이션을 이용하여 내 증상에 맞는 병원 찾기 〈활동1〉 **병원에 가 본 경험 이야기하기** • 병원에 가서 치료 받는 과정에 대해 이야기해 봅시다. 1. 병원 접수대에서 간호사에게 접수합니다(이름과 연락처). 2. 의사 선생님께 진찰을 받습니다(언제부터, 어디가 어떻게 아픈지). 3. 병원에 치료비를 냅니다. 4. 의사 선생님이 적어준 처방전을 받아 약국에 가서 약을 삽니다. • 병원에 가 본 경험을 이야기해 봅시다. 경험을 이야기할 때는 몸의 어느 부분이 어떻게 아파서 갔는지 꼭 이야기합니다.		

	〈활동2〉 병원의 종류와 하는 일 알아보기 • 우리 주변에 있는 병원의 종류와 하는 일에 대해 알아봅시다.		

아픈 증상 (어떻게 아픈가요?)	병원이 하는 일	병원 종류
턱이 아프거나 이에 충치가 생겼다.	교정을 하거나, 잇몸에 주사를 놓고 이를 뽑습니다. 이가 썩으면 치료해 줍니다.	
배가 아프거나 머리가 아프다.	목 안을 살펴 보고, 배를 눌러 보며 질문합니다. 청진기를 등이나 가슴에 대고 소리를 들어 봅니다.	
팔이나 다리에 금이 가거나 부러졌다.	금이 간 부위를 움직이지 않도록 깁스해 줍니다.	
발목이 부었다.	침을 놓거나 뜸을 뜹니다.	
아기가 아프다.	아기 보호자와 이야기하여 정보를 얻고, 아기가 아픈 곳을 자세히 살펴 봅니다.	
눈이 붓거나 빨갛다.	눈에 빛을 비추며 눈을 크게 뜨라고 합니다. 시력 검사를 하거나 안약을 처방해 줍니다.	
피부에 피가 나거나 화상을 입었다.	피부에 더 큰 상처가 나지 않게 꿰맵니다. 화상 입은 피부는 소독하고 약을 발라 줍니다.	
목이 붓거나 콧물 이 많이 나온다. 귀 에서 '삐이이' 소리 가 난다.	코, 귀, 목을 자세히 살펴 봅니다.	

전개

〈활동3〉 애플리케이션을 이용하여 내 증상에 맞는 병원 찾기
• 아픈 상황을 가정하여 종이에 적어 봅시다. 적은 내용을 친구와 교환하고 애플리케이션을 이용하여 증상에 맞는 병원을 찾아 봅시다.
• 증상에 맞는 병원을 찾았다면, 우리 마을에 있는 병원을 찾아 병원의 이름과 위치, 전화번호, 병원의 종류를 적어 친구에게 다시 돌려 줍시다.

결론	◆ **학습 내용 정리 및 다음 차시 예고** • 오늘 배운 내용은 무엇인가요? 　– AI 애플리케이션을 활용하여 아픈 상황에 맞는 　병원을 선택할 수 있는 벙법에 대해 알게 되었 　습니다. • 다음 시간에는 병원에서 처방 받는 약물의 오남 　용에 대해 알아보겠습니다.		

🔗 병원의 종류와 하는 일

실과	병원의 종류와 하는 일	이름
	우리 주변의 병원 종류와 하는 일을 알아보고 병원에 대해 조사해 봅시다.	

1. <보기>에 나오는 병원의 종류를 확인하고, 아래 알맞은 곳에 써 넣으세요.

<표>

〈보기〉

이비인후과, 정형외과, 피부과, 한방과, 소아과, 안과, 내과, 치과

아픈 증상 (어떻게 아픈가요?)	병원이 하는 일	병원 종류
턱이 아프거나 이에 충치가 생겼다.	교정을 하거나, 잇몸에 주사를 놓고 이를 뽑습니다. 이가 썩으면 치료해 줍니다.	
배가 아프거나 머리가 아프다.	목 안을 살펴 보고, 배를 눌러 보며 질문 합니다. 청진기를 등이나 가슴에 대고 소리를 들어 봅니다.	
팔이나 다리에 금이 가거나 부러졌다.	금이 간 부위를 움직이지 않도록 깁스해 줍니다.	
발목이 부었다.	침을 놓거나 뜸을 뜹니다.	
아기가 아프다.	아기 보호자와 이야기하여 정보를 얻고, 아기가 아픈 곳을 자세히 살펴 봅니다.	
눈이 붓거나 빨갛다.	눈에 빛을 비추며 눈을 크게 뜨라고 합니다. 시력 검사를 하거나 안약을 처방해 줍니다.	
피부에 피가 나거나 화상을 입었다.	피부에 더 큰 상처가 나지 않게 꿰맵니다. 화상 입은 피부는 소독하고 약을 발라 줍니다.	
목이 붓거나 콧물이 많이 나온다. 귀에서 '삐이이' 소리가 난다.	코, 귀, 목을 자세히 살펴 봅니다.	

우리 마을 병원 조사하기

실과	우리 마을 병원 조사하기	이름
	우리 마을 병원을 조사해 봅시다.	

1. 역할 나누기

역할	학생 이름	준비물	조사할 내용
이끔이			
점검이			
기록이			
안전이			

2. 마을 병원 조사하기

병원 종류	
조사 결과 정리 (위치 표시는 지도에 하세요.)	병원 이름
	전화번호
	하는 일
	참고할 점
미션 수행	질문: 이 병원에서 무슨 일을 하시나요?
	답:
	질문: 병원에 올 때 준비할 것은 무엇이 있나요?
	답:
	질문: 자기가 하고 싶은 질문을 적어 봅니다.
	답:

3 병원 조사 후 소감 (그림을 그리고 글로 쓰기)

6장

실과 수업과
함께하는
AI 애플리케이션

- 상식플러스

- 펄핏

상식플러스

* 준비물: 애플리케이션 다운로드 및 회원 가입

아이폰
애플리케이션

안드로이드
애플리케이션

'상식플러스'란 무엇인가요?

1) 어떤 애플리케이션인가요?

상식플러스는 하루 동안 먹은 음식의 사진을 찍어서 저장하면 먹은
음식들의 총 칼로리를 계산하여 알려 주는 애플리케이션입니다. 섭취
한 음식의 종류와 칼로리를 하나하나 계산하지 않고 간단히 사진만 찍
어 식단을 관리할 수 있는 서비스를 제공하는 애플리케이션입니다.

2) 적용된 AI 기술은 무엇인가요?

사물 인식 기술을 적용하여 카메라를 통해 촬영된 사진 속 모든 음식을 한 번에 인식하고, 카메라와 음식 사이의 거리를 측정하여 음식의 양도 계산합니다. 이에 더하여 음식에 포함된 탄수화물, 지방, 단백질의 양을 자동으로 계산하여 하루 동안 섭취한 전체 칼로리를 계산하여 알려 줍니다.

3) 적용 가능 과목 및 관련 성취 기준은 무엇인가요?

[6실02-09] 안전과 위생을 고려하여 식사를 선택하는 방법을 탐색하고 실생활에 적용한다.

[6실02-10] 밥을 이용한 한 그릇 음식을 위생적이고 안전하게 준비 조리하여 평가한다.

[6사07-04] 의식주 생활에 특색이 있는 나라나 지역의 사례를 조사하고, 이를 바탕으로 하여 인간 생활에 영향을 미치는 여러 자연적, 인문적 요인을 탐구한다.

4) 비슷한 애플리케이션은요?

다이어트 카메라 AI, AI 솔트밸런스

프로그램 사용법

❶ 첫 화면에는 상담 프로그램과 영양 전문가들이 소개되어 있습니다.

❷ '식사 일기'는 아침, 점심, 저녁, 간식을 사진으로 저장하는 방식입니다.

❸ 내가 먹은 음식을 사진으로 찍으면 음식의 종류를 찾아내고, 섭취량에 따라 칼로리를 계산해 줍니다.

❹ 음식의 종류를 정확히 찾지 못하는 경우를 대비하여 사용자가 직접 음식을 저장할 수 있는 기능도 있습니다.

❺ 영양 전문가와의 상담이나 맞춤형 프로그램이 필요한 경우 유료 결제 후 상담이 가능합니다.

스마트 활용 수업안

학습 흐름	교수-학습 활동	시간 (분)	기타 자료 및 유의점
문제 제기	**◆ 동기 유발** • 학교 급식표 속의 영양 표시를 보고, 이번 주 식단이 무엇인지 확인해 봅시다. • 밑에 보이는 영양 표시 칸은 어떤 용도인지 이야기 나누어 봅시다.		
학습 문제 제시	**◆ 학습 문제 제시** 상식플러스 애플리케이션을 이용하여 식단표를 만들어 봅시다.		

영양 표시

영양소	필요량	권장량	주평균 섭취량	영양량	영양량	영양량	영양량	영양량
에너지 (kcal)	568.1	568.1	44.5	825.9	846.9	610.3	799.7	
탄수화 물(g)				126.0	109.3	117.3	128.5	
단백질 (g)	10.51	10.51	19.6	40.6	57.8	32.0	41.5	
지방 (g)			22.3	18.3	25.7	24.6	13.6	
비타민 A(R,E)	111.75	160.58	208.3	191.6	163.5	208.2	269.9	
티아민 (mg)	0.23	0.25	0.5	0.3	0.5	0.3	0.8	
리보플 라민 (mg)	0.25	0.31	0.7	0.7	1.0	0.7	0.5	
비타민 C(mg)	16.68	22.64	23.4	10.2	46.8	13.8	22.6	
칼슘 (mg)	164.72	250.05	385.7	377.5	396.6	159.9	306.8	
철분 (mg)	2.78	3.59	6.4	7.4	6.6	7.2	4.5	

* 알레르기 정보
①난류 ②우유 ③메밀 ④땅콩 ⑤대두 ⑥밀 ⑦고등어 ⑧게 ⑨새우 ⑩돼지고기 ⑪복숭아 ⑫토마토 ⑬아황산염 ⑭호두 ⑮닭고기 ⑯쇠고기 ⑰오징어 ⑱조개류(굴, 전복, 홍합 포함) ⑲잣
* 식단은 학교 사정상 변경될 수 있습니다.
* 우리 학교 급식은 인공 조미료를 전혀 사용하지 않고 멸치, 다시마, 건새우 등 천연 재료로 맛을 내고 있습니다.

	◆ 학습 활동 안내		
	〈활동1〉 '식품 구성 자전거'란? 〈활동2〉 애플리케이션을 이용하여 다양한 음식의 　　　　 영양 알아보기 〈활동3〉 균형 잡힌 식단 짜기		
전개	**〈활동1〉 '식품 구성 자전거'란?** • '식품 구성 자전거' 그림을 살펴 보며 균형 잡힌 　 식단의 의미를 이야기해 봅시다. • 사진을 보며 균형 잡힌 식단인지 확인해 봅시다 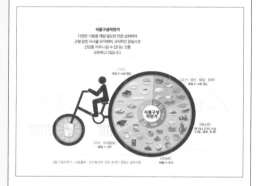		
전개	**〈활동2〉 애플리케이션을 이용하여 다양한 음식의 　　　　 영양 알아보기** • 애플리케이션을 활용하여 다양한 음식의 영양 성 　 분을 알아봅시다. • 우리나라 음식뿐만 아니라 다양한 세계 음식의 영 　 양 성분을 확인해 보고 학습지에 적어 봅시다. 사진 예시 		

전개	〈활동3〉 균형 잡힌 식단 짜기 • 지금까지 찾은 다양한 음식들을 이용하여 일주일 간 우리가 먹을 식단표를 만들어 봅시다. • 식단표를 작성한 후, 식품 구성 자전거에 대해 발표해 봅시다. • 모둠의 발표를 듣고, 가장 이상적인 영양 성분과 자신의 기호에 맞는 모둠은 어떤 모둠인지 이야기 나누어 봅시다. * 균형 잡힌 식단 짤 때 고려할 점 1. 매끼 곡류를 주식으로 2. 매끼 채소류 2~3가지 3. 매끼 고기·생선·달걀·콩류 1~2가지 4. 과일류, 우유·유제품류 하루에 2회 5. 유지·당류는 소량만		
결론	◆ **학습 내용 정리 및 다음 차시 예고** • 오늘 배운 내용은 무엇인가요? – 식품 구성 자전거에 대해 알아보고, 애플리케이션을 이용하여 균형 잡힌 식단을 짜는 방법에 대해 알게 되었습니다. • 다음 시간에는 건강 간식을 만드는 방법에 대해 알아보겠습니다.		

영양사는 나야 나!

실과	영양사는 나야 나! 균형 잡힌 식단을 짜 보고 친구들의 식단과 비교해 봅시다.	이름

1. 자신만의 식단 만들기

내가 만든 식단의 영양소 적기					
영양소 메뉴	단백질	탄수화물	지방	비타민	무기질

2 친구들과 의견을 모아서 5대 영양소가 골고루 포함된 주간 식단을 만들어 봅시다.

월	화	수	목	금
밥	밥	밥	밥	밥
국	국	국	국	국
반찬	반찬	반찬	반찬	반찬

3 우리 모둠 식단의 장점에 대해 적어 봅시다.

_____

_____

_____

4. 다른 모둠의 발표를 듣고, 가장 이상적인 식단을 찾아 봅시다.

가장 이상적인 식단을 짠 모둠 이름 : _____

이유 : _____

_____

_____

_____

펄핏

* 준비물: 애플리케이션 다운로드 및 회원 가입

 아이폰
애플리케이션

 안드로이드
애플리케이션

'펄핏'이란 무엇인가요?

1) 어떤 애플리케이션인가요?

모든 브랜드의 운동화 사이즈가 꼭 동일한 것은 아닙니다. 실제로 같은 회사의 제품도 다른 사이즈를 가지는 경우가 있습니다. 펄핏은 이런 불편함에서 아이디어를 얻어 시작한 서비스입니다.

소비자와 신발 브랜드의 많은 데이터를 이용해 언제 어디서든 신발을 추천받을 수 있는 애플리케이션입니다.

2) 적용된 AI 기술은 무엇인가요?

영상 속 대상의 특성을 인식하고 패턴을 추출하는 지능형 영상 분석 알고리즘 기술이 적용되어 있습니다. 그리고 컴퓨터를 이용해 기존의 이미지를 새로운 이미지로 만들어 내는 이미지 프로세싱 기술도 적용되었습니다.

3) 적용 가능 과목 및 관련 성취 기준은 무엇인가요?

[6실02–03] 옷의 기능을 이해하여 때와 장소, 상황에 맞는 옷차림을 적용한다.

[6실02–07] 자신의 신체 발달을 고려하여 건강하고 안전한 옷차림을 실천한다.

4) 비슷한 애플리케이션은요?

라이프스타일

프로그램 사용법

❶ 애플리케이션을 가입한 뒤 키트를 신청합니다.

❷ 펄핏 키트를 신청하면 2~3일 사이에 우편으로 날아옵니다.

❸ 설명서의 내용대로 키트를 조립하여 발을 측정합니다.

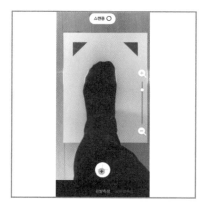

❹ 사용자의 오른발과 왼발을 찍고 결과를 확인합니다.

❺ 발의 길이와 발볼을 정밀 측정한 결과를 확인합니다.

❻ 발 사이즈에 맞게 추천된 신발을 확인합니다.

 의 내용:
왼발　　　　　　　　오른발
253mm　　길이　　260mm
88mm　　너비　　91mm
▶ 발측정 결과, 정말 얼마나 정확할까요?

추천 사이즈　　　　　265　∧

 의 내용:
☰　　추천　　📢

ADIDAS 울트라부스트 21
~~229,000원~~
34% 150,000원　　핏킷 추천 사이즈　275mm　(7족 남음)

NIKE 우먼스 에어맥스 VG-R　★★★★　1
~~109,000원~~
42% 62,900원　　핏킷 추천 사이즈　275mm　(7족 남음)

＊ 유의 사항

· 평소에 신던 신발의 사이즈와 다르게 나올 수 있으나, 이는 발의 모양과 발볼의 차이로 인한 것일 수 있습니다.
· 평균적으로 왼발과 오른발의 사이즈는 다르게 나올 수 있습니다.
· 어느 방향을 보는지, 무게 중심이 어디에 있는지에 따라 발의 사이즈가 달라질 수 있습니다.

〰️ 수업 활용법

1) 수업에는 이렇게 활용해 보세요!

옷이나 신발을 사서 착용해 보면 같은 사이즈라도 브랜드별로 맞는 제품이 따로 있습니다. 신발 매장에 가면 평소 신는 사이즈의 운동화를 직접 신어 보며 편한 신발인지 걸어 봅니다. 사이즈를 아는데도 불구하고 왜 직접 신어 볼까요? 발 길이가 같아도 발볼이 넓거나 좁기도 하고, 엄지발가락이 클 수도 있고, 뒤꿈치의 두께가 다를 수 있기 때문입니다.

이 애플리케이션은 사용자의 발 길이와 발볼을 측정한 결과만 있으면 여러 브랜드별로 사용자에게 편안한 운동화 종류를 추천해 줍니다. 직접 매장에 가지 않아도 발에 맞는 신발을 고를 수 있다면 얼마나 편리하고 좋을까요? 이 애플리케이션을 활용하여 발에 딱 맞는 신발도 추천 받고, 상황에 어울리는 신발 디자인도 해 보시기 바랍니다.

2) 교수＊학습 자료

a. **자료**: 펄핏 애플리케이션

b. **성격**: 더 많은 소비자 데이터와 신발 브랜드 데이터 베이스를 확보한다면 온·오프라인 어디서든 편리하게 신발을 추천 받고 살 수 있는 AI 애플리케이션

⠂⠈⠠ 스마트 활용 수업안

학습 흐름	교수-학습 활동	시간 (분)	기타 자료 및 유의점
문제 제기	◆ **동기 유발** • 때와 장소에 맞지 않는 의복 사진을 보며 어떤 점이 문제인지 이야기 나눕니다. • 의복이 상황에 맞지 않으면 생기는 문제에 대해 이야기 나눕니다.		
학습 문제 제시	◆ **학습 문제 제시** 펄핏 애플리케이션을 이용하여 나에게 맞는 크기의 의복을 TPO에 맞게 구성할 수 있다.		
전개	◆ **학습 활동 안내** 〈활동1〉 TPO의 의미에 대해 이해하기 〈활동2〉 펄핏 애플리케이션을 통해 나에게 맞는 신발 고르기 〈활동3〉 내가 고른 신발을 이용해 상황에 어울리도록 디자인해 보기 〈활동1〉 **TPO의 의미에 대해 이해하기** • 상황을 제시한 뒤, 이 상황을 해결하기 위한 방법에 대해 이야기를 나눕니다. 안녕하세요? 제가 이렇게 '안녕하세요'에 고민을 올리게 된 것은 공부도 친구 문제도 아니에요. 우리 가족들이 옷을 너무 이상하게 입고 다니기 때문이에요. 우리 가족은 모두 '걸어 다니는 패션 테러리스트'에요. 그냥 옷장에서 손에 잡히는 대로, 자기 입고 싶은 대로 막 입는 것 같아요. 우리 가족이 입을 옷과 신발을 추천해 주세요!		

전개	• TPO란 무엇인지 알아봅시다. ＊ TPO란 무엇인가요? 1. Time, Place, Occation 2. 때와 장소 및 목적에 알맞은 옷차림 • TPO에 맞지 않는 의상은 어떤 문제가 있는지 이야기 나눠 봅시다.		
	〈활동2〉 펄핏 애플리케이션을 통해 나에게 맞는 신발 고르기 • 펄핏 애플리케이션을 이용해 나의 발 크기를 측정해 봅시다. • 크기를 측정한 뒤 나에게 맞는 신발이 무엇인지 선택해 봅시다. • 선택한 신발은 어떤 상황에 어울리는지 생각해 봅시다.		
	〈활동3〉 내가 고른 신발을 이용해 상황에 어울리도록 디자인해 보기 • 세 가지의 상황에 맞는 신발을 펄핏 애플리케이션을 이용해 선택한 뒤, 어떤 상황에 맞는 신발인지 생각해 봅시다. • 선택한 신발의 특징을 다른 친구에게 설명해 봅시다. • 디자인뿐만 아니라 어떤 용도의 신발인지 특징을 적어 봅시다.		
결론	◆ **학습 내용 정리 및 다음 차시 예고** • 오늘 배운 내용은 무엇인가요? – 펄핏 애플리케이션으로 내가 고른 신발을 이용해 TPO에 맞도록 디자인해 보았습니다. • 다음 시간에는 직업의 특성에 맞는 의상을 알아보겠습니다.		

∿ 세계적인 디자이너의 컬렉션

실과	세계적인 디자이너의 컬렉션	이름
	상황에 어울리는 의상을 그려 보고, 설명을 적어 봅시다.	

현장 학습 갈 때	결혼식장에 갈 때
• 의상의 특징 설명	• 의상의 특징 설명
현장 학습 갈 때	결혼식장에 갈 때
• 의상의 특징 설명	• 의상의 특징 설명

THE VISUAL AI CLASS ROOM

세상에서 가장 쉬운 AI 앱 수업

초판 1쇄 발행 2021년 9월 30일
초판 3쇄 발행 2024년 12월 16일

지은이 공민수·신창훈
발행인 강선영·조민정
펴낸곳 (주)앵글북스
디자인 강수진

주소 서울시 종로구 사직로8길 34 경희궁의 아침 3단지 오피스텔 407호
문의전화 02-6261-2015 **팩스** 02-6367-2020
메일 contact.anglebooks@gmail.com
ISBN 979-11-87512-59-2 93370